Inhalt

Kapitel 1: Luxusstute

Die Kippe knistert in der Stille des Raums, als ich einen tiefen Zug von ihr nehme. Eigentlich mache ich das nicht, in meinem Zimmer rauchen, das dauert wieder zwei Tage, bis ich den Geruch rausbekomme, und schlafen muss ich in dem kalten Dunst auch. Aber es passt eben zum Spiel, ich muss meinem Besucher ja auch ein bisschen was bieten. Überhaupt habe ich die Schachtel nur wegen ihm gekauft. Den Nutzen gegengerechnet, ist diese kleine Investition aber leicht zu verschmerzen. Der Zweck heiligt die Mittel oder so ähnlich.

Jedenfalls stoße ich den Rauch langsam aus, er wallt als dicke, behäbige Wolke über meinen Bauch, das hochgeschobene T-Shirt, meinen Schwanz, mitten ins Gesicht des Bengels, der zwischen meinen Beinen kniet. Er hustet ein bisschen, und ich muss grinsen, spreize die Schenkel ein wenig mehr und sehe in die gierig stierenden Augen meines Besuchers, der unruhig hin und her rutscht und auf mein Zeichen wartet, dass er endlich loslegen darf. Mein Schwanz zuckt. Der Kerl atmet schwer ein und stoßweise wieder aus.

Noch einmal ziehe ich an meiner Kippe und sage dann mit belegter Stimme: »Jetzt mach schon.«

Wie ein ausgehungertes Tier reißt er den Mund auf und stürzt sich auf mein Teil. Meine dicke Eichel verschwindet zwischen seinen Lippen, er saugt energisch daran und will im nächsten Moment schon meinen ganzen Schaft verschlingen. Ein plötzliches Würgen verrät, wie sehr er sich damit übernommen hat. Mit hochrotem Kopf zieht er sich ein Stückchen zurück.

»Nicht nachlassen«, sage ich und stoße meinen Schwanz ohne Vorwarnung nach oben, tief in seinen Rachen, bis er erneut würgen muss, noch stärker als beim ersten Mal. Seine Augen suchen meine, ein paar Tränen laufen ihm übers Gesicht, und ich frage mich, ob das schon zu viel war. Sein notgeiles Wimmern verrät mir, dass das Gegenteil der Fall ist.

Ganz langsam lässt der Bengel mein Teil aus seinem Mund gleiten. Ich lasse ihm diese Verschnaufpause und beobachte ihn, während er mit der Zunge über mein Penisbändchen fährt. Es fühlt sich verdammt gut an, und ein warmes Gefühl rollt prickelnd von meinen Lenden hoch in meinen Bauch und breitet sich von dort weiter aus. Die dunkelblonden Haare auf meinen Oberschenkeln stellen sich auf wie elektrisiert.

Hübsch ist er schon, mein Besucher. Die roten Haare stehen voll und etwas wild von seinem Kopf ab. Er hat eine richtige Stupsnase und üppige rosa Lippen, die ihn noch sehr jugendlich wirken lassen würden – wenn sein einigermaßen ungepflegter Drei-bis-fünf-Tage-Bart nicht wäre. Das scheint mir ganz ungewöhnlich für einen Sohn aus gutem Hause, wo der Geldadel doch so viel Wert auf einen gestriegelten Auftritt legt. Ob er dafür schon einen Anschiss kassiert hat? So oder so, ich find's heiß.

»Mach ich es gut?«

Die Frage steht für einen Moment im Raum, bis sie in meinem Hirn ankommt. Dabei sieht mich der Kerl so unterwürfig und hündchenmäßig an, dass ich mich frage, ob er in letzter Zeit zu viele Pornos gesehen hat. Scheiße, ich bin höchstens ein knappes Jahr älter als er und fühle mich echt noch nicht bereit, den harten Daddy zu geben. Mein Schwanz zuckt kurz und verliert an Härte.

Als Antwort stehe ich auf, greife dem Bengel in die Haare und ziehe seinen Kopf ein wenig nach hinten, sodass er zu mir hochschauen muss. Dann bewege ich die Hüften ein wenig hin und her, und mein dreiviertelsteifer Prügel schlägt ihm links-rechts-links gegen die Wangen.

»Nicht so viel reden …« – Mist, wie war noch mal sein Name? Er hat ihn mir gesagt, als er vor ein paar Tagen das erste Mal hier war. Maximilian, Konstantin, irgendein Justus-Fridolin vielleicht? Diese Lackaffen heißen doch eh alle gleich, möglichst kompliziert, möglichst versnobt und so altmodisch, wie es eben nur geht. Ist auch egal. »Mund auf!«, befehle ich.

Gesagt, getan – und ich schiebe ihm meinen Schwanz auf Anschlag rein. Wieder ein unterdrücktes Würgen, das mich so langsam richtig anmacht. Ich spüre, wie es in mir pumpt und mein Schwanz wieder steinhart wird, noch ein oder zwei Zentimeter tiefer in seinen Mund hineinwächst.

Keine Rücksicht mehr jetzt. »Aber bitte … kannst du es, ähm, ein bisschen härter machen?«, hat er mich gefragt, als er neulich hier aufgeschlagen ist.

›Klar, kannst du haben‹, denke ich, gleite mit der Linken in seinen Nacken und nehme einen langsamen Rhythmus auf, dafür aber mit harten, tiefen Stößen. Die feuchte Hitze um meine Latte fühlt sich verdammt gut an, und ich würde gern immer noch tiefer und tiefer in den notgeilen Bengel reinhämmern. Kehliges Gurgeln, Tränen laufen und laufen. Die Hände des Burschen wandern meine gespannten Schenkel entlang, hoch zu meinen Arschbacken und verkrallen sich dort.

Mein Schwanz ist jetzt so hart, dass es fast schmerzt, und als der Kerl mit zwei Fingern gegen mein Loch drängt, halte ich es nicht mehr aus.

Ich reiße seinen Kopf zurück, ein zäher Speichelfaden hängt zwischen meiner Eichel und seiner Unterlippe. Damit hat er wohl nicht gerechnet, denn er blinzelt atemlos zu mir hoch, in aufgeregter Erwartung, was als Nächstes kommt. Der Anblick macht mich ganz wild. Vertauschte Welt: das Schnöselsöhnchen, das sich vom Bauerntrampel die Zügel anlegen und willig benutzen lässt. Ich packe meinen Prügel an der Wurzel und schlage ihm mein Teil mit der ganzen Länge zwei-, dreimal ins Gesicht. Reibe mit dem Schaft ein wenig vor und zurück, nach rechts, nach links, und verteile seinen heißen Speichel auf ihm. Dann wichse ich mit schnellen Zügen noch ein paarmal und ziehe meine Hand schlagartig weg.

Zuckend pumpt meine Latte über dem vor Geilheit geröteten Gesicht. Mein Arsch spannt sich an. Ich fühle die Hitze aufsteigen. Das Ziehen in den Eiern. Und dann entlädt sich mein Saft wild in alle Richtungen. Landet in den Haaren des Kerls, schießt ein paarmal über ihn hinweg, fällt in dicken Tropfen in seinen geöffneten Mund. Hat er gerade was ins Auge bekommen? Auch egal.

Als das Kribbeln und Tosen in mir nachlässt, lockere ich den Griff im Nacken des Rotschopfes und fahre ihm zärtlich über den Hals.

»Wow, das war«, er leckt sich über die Lippen, an denen mein Sperma hängt, »das war richtig geil. Genau, wie ich es mir vorgestellt hatte. Danke.«

Zufrieden grinst er zu mir hoch. Ich gebe ihm einen zarten Klaps auf die Wange. Mit dem Daumen streiche ich noch einen dicken Tropfen von seiner Haut und schiebe ihm meinen Finger zwischen die Lippen, damit er ihn ableckt.

»Ja, war ein ganz netter Einstieg«, sage ich und beobachte, wie sich in seinem Gesicht ein Fragezeichen bildet. »Was denn, wir sind noch nicht fertig.« Mit einem Kopfnicken deute ich runter auf meine Latte, die immer noch beinhart und spermaglänzend auf ihn zeigt.

»Ab in die Ecke da drüben«, ordne ich an und setze mich besonders breitbeinig zurück auf den zerschlissenen Sessel am Fenster. Der Kerl tut, was ich sage, steht dann aber nur stumm da und sieht mich an. Mich und meinen Schwanz, der wie ein Obelisk in den Raum ragt. Na ja, ein schiefer Obelisk, mein Ding macht nämlich eine ganz leichte Biegung nach links und verdickt sich etwas zur Eichel hin, die blank und prall über dem Schaft thront. Also eher kein Bauwerk, das würde wohl umkippen. Ist eben niemand perfekt. Beschwert hat sich jedenfalls noch keiner, und wenn ich mein Teil so betrachte, verstehe ich auch warum und lächle ein bisschen selbstzufrieden.

Der Moment dehnt sich aus, während ich mir entspannt noch eine Kippe anstecke, den ersten Zug in seine Richtung blase und mich räuspere.

»Runter mit der Hose«, sage ich. »Unterhose auch, los.« Als er sich seiner Unterwäsche entledigt, schwingt sein zartrosa Schwanz halbsteif heraus, und ich entdecke einen dicken, glänzenden Tropfen Vorsaft an der Spitze.

»Den Gürtel kannst du mir geben«, sage ich und ernte wie erwartet einen irritierten Blick.

»Aber der ist aus der Limited Summer-Edition von –« Er nennt irgendeinen wahrscheinlich arschteuren Designer, von dem ich noch nie gehört habe, und erklärt weiter: »Das war nicht abgemacht.«

»Meine Fresse, glaubst du, das hässliche Teil will ich behalten? Du kriegst ihn nachher zurück.«

Sichtlich erleichtert kommt er näher und reicht mir das – wirklich sauhässliche – Ding. Der Gürtel ist aus braunem Leder, wirklich auffällig ist nur die Schnalle, aber die hat es in sich: Eine Schlange windet sich um sich selbst und beißt sich in die eigene Schwanzspitze, die Schuppen bilden aufdringlich glitzernde Steinchen in unerträglich schrillen Farben. Ich werde nie verstehen, warum manche Leute für die geschmacklosesten Klamotten und Accessoires so unverschämt viel Geld zahlen. Eventuell liegt es aber auch genau daran: dass Designerzeug so unnormal teuer ist. Status zeigen, was weiß ich.

»Umdrehen und auf alle viere mit dir«, sage ich. Genüsslich lasse ich meinen Blick über den schmalen Rücken des Burschen wandern, an dem ein paar Schweißtropfen hinabrinnen, über sein Rückgrat, das auf seinen kleinen, straffen Hintern weist. Die festen Backen spalten sich ein wenig, als er vor mir kauert und mir sein Hinterteil willig entgegenstreckt. Die nicht mal halb gerauchte Zigarette drücke ich eilig aus, schließlich hat sie eh nur als Requisite gedient, um die Mackermasche zu unterstreichen, die der Rotschopf ja unbedingt wollte.

Mit dem Fuß stupse ich ihm gegen den Hintern, und er versteht, dass er noch ein wenig nach vorn krabbeln soll. Dann knie ich mich hinter ihn und packe mit festem Griff seine kleinen Arschbacken, knete sie durch, dass er kurz aufschreit, und taste mich mit einem Daumen zu seinem Loch vor. Es fühlt sich heiß an und ein bisschen feucht. Ohne weiter nachzudenken, stoße ich in ihn und beginne ihn zu dehnen, begleitet von abgehacktem Stöhnen und flehendem Wimmern.

»Dann wollen wir das Pferdchen mal einreiten«, sage ich feixend. Ich lehne mich vor, greife dabei nach dem hässlichen Gürtel und lege ihn dem Kerl um den Hals. Mit der rechten Hand halte ich den Lederriemen wie einen Zügel und ziehe an. Der Bursche wirft den Kopf zurück und drückt den Rücken durch. Dabei kommt mir seine knackige Kiste noch ein Stück mehr entgegen. Mit der freien Hand lange ich mir an die Latte und stupse mit der feuchten Spitze von unten gegen seine Eier.

»Guter Gaul, wehr dich nicht zu sehr«, sage ich, als der Rotschopf tatsächlich fast wie ein Pferd zu schnauben anfängt.

»Gib ihn mir schon, du Sau«, fordert er nun. Ich schlage ihm laut klatschend auf eine Arschbacke. Sofort bildet sich ein roter Striemen.

»Wie hast du mich genannt?«

»Geile Sau!«, stößt er trotzig aus. »Mach jetzt! Fick mir endlich das Hirn raus!«

Ich glaube, der hat echt zu viele Pornos geschaut. Beinah klingt es, als hätte er diesen Text vorher auswendig gelernt. Ich bin nicht gerade der Typ für Dirty Talk, meistens hat dieses Gerede bei mir nicht gerade den gewünschten Effekt, sondern sorgt eher dafür, dass mein Schwanz einen Hänger kriegt, weil ich das viel zu lustig und viel zu wenig geil finde. Aber heute bin ich eben ein dominanter Macker und steige drauf ein.

»Wie heißt das?!«, frage ich mit zusammengekniffenen Zähnen, um böse zu klingen.

»Fick mich!«

Ein hitziges Zittern erfasst den schlanken Körper vor mir. Ohne Vorwarnung schlage ich meinen Ständer erneut gegen den tief hängenden Sack des Burschen. Er zuckt heftig zusammen.

»Wie heißt das, frage ich.« Ich nehme den Zügel noch etwas straffer und schiebe meinem Fickstück drei Finger gleichzeitig rein. Endlich sagt der Bengel, was ich hören will.

»Bitte. Fick mich endlich, bitte!«

Ich spucke mir auf die Eichel und verteile den Gleitgelersatz auf meinem Ständer. Dann ziehe ich meinen Schwanz ein paarmal durch die stramme Spalte vor mir, setze an und stoße mit einer kleinen Bewegung meine Schwanzspitze in das enge Loch. Hitze umfängt mich. Am liebsten würde ich den Bengel gleich komplett aufspießen, doch ich koste die knisternde Erwartung, die in der Luft liegt, noch aus.

»Aber jetzt nicht jammern, dass er zu groß ist«, sage ich breit grinsend. Das lustvolle Keuchen meines Pferdchens reicht mir als Startschuss, und so spanne ich den Arsch an und ramme ihm mein Teil bis zum Anschlag rein.

»Na, gefällt dir das?«, rufe ich holpernd, denn schon befinden wir uns mitten in einem wilden Ritt, mit lautem Knall landet meine flache Hand wieder und wieder auf dem kleinen Arsch, mit jedem Stoß ziehe ich den Zügel ein wenig an, der Bengel wirft den Kopf zurück und wieder nach vorne, dabei schnaubt er wie ein geiler Gaul.

Als der Kerl sich selbst an den Schwanz greifen will, halte ich seinen Arm zurück. Er begreift sofort. Wann er kommen darf, entscheide ich. Er wollte das Mackerspiel spielen, und ich mache keine halben Sachen.

Ein letztes Mal reiße ich am Gürtel, fahre so tief in den aufgebohrten Kerl hinein wie nur möglich. Ich spüre seine schweißnasse Haut an meiner. Sein ganzer Körper spannt sich bis aufs Äußerste an. Sein kleiner Hintern wird dadurch noch enger als zuvor, ich stoße nach und entlade mich ein zweites Mal tief in ihm.

Atemlos harrt er unter mir aus, als würde er es nicht wagen, sich zu entspannen, bis ich ihm das Zeichen dazu gebe. Meinen Schwanz ziehe ich noch nicht zurück, lasse aber den Gürtel zu Boden gleiten und lange an die zuckende Latte des Bengels. Es braucht nur wenige Handgriffe, schon verteilt er eine riesige Ladung auf dem Boden und über meine Hand.

Bevor er wieder zu Atem kommen kann, lasse ich meinen Halbsteifen aus ihm gleiten und drehe den Rotschopf auf den Rücken. Mit erhitzten Wangen und verklebten Haaren liegt er da und sieht mich an, die Lippen leicht geöffnet. Ich schiebe mich über ihn. Eigentlich sollte ich für den Moment genug haben, aber seine hungrigen Augen jagen mir einen Schauer über den Rücken und verlangen nach mehr.

Mit dem Zeigefinger fahre ich über seine vollen Lippen und verteile etwas von seinem eigenen Sperma darauf. Zögernd, dann immer gieriger beginnt er, die Sauerei von meiner Hand zu lecken. Das fühlt sich so geil an, dass mein Schwanz sich schon wieder aufbäumt und ich ihn mit der freien Hand zu wichsen beginne.

Kurz bevor meine dritte Ladung schussbereit ist, schiebe ich meine Hüften näher an sein Gesicht, greife ihm in die verklebten wilden Haare und ziehe seinen Kopf ein Stückchen nach oben.

»Geiler Ritt«, sage ich, »jetzt mach den Mund auf, hast dir 'ne besondere Belohnung verdient!«

Und damit spritze ich ihm den letzten – und erstaunlich großen – Rest aus meinen Eiern direkt ins Gesicht.

In meinem Kopf dreht sich alles, und als ich aufstehe, wird mir kurz schwindlig. Ich wringe den letzten dicken Tropfen aus meinem endlich erschlaffenden Schwanz, wende mich von meinem Besucher ab und gehe Richtung Bad.

»Muss mich kurz sauber machen«, sage ich und lehne die Tür hinter mir an. In der viel zu engen Duschkabine stelle ich die Brause an und mich darunter. Zuerst muss ich mich an der Wand abstützen, drei Orgasmen nacheinander bringen den Körper doch ganz schön in Wallung. Bald spielt mein Kreislauf wieder mit. Eine schwere Befriedigung legt sich über mich wie eine dicke Decke und macht mich schläfrig. Ich stelle das Wasser ab, trockne mir die Haare mit einem Handtuch und gehe nackt zurück ins Zimmer.

Mein Besucher hat mit knallroter Birne auf mich gewartet und steht unbeholfen da in seinem Businessanzug, den er nachlässig übergestreift hat und der viel zu warm ist für diesen Sommertag. Sein Blick klebt an meinem Schwanz, der auch schlaff ein ganz beeindruckendes Format hat.

»Kostet extra, wenn du weitergucken willst«, sage ich und verziehe den Mund zu einem halben Grinsen. Ich ernte einen verständnislosen Blick.

»Nein, nein, ich gehe lieber mal«, stammelt das Rothaar. »Wo soll ich das Geld hinlegen?«

Erst jetzt fällt mir der Umschlag auf, den er in der Hand hält.

»Ach so, einfach da auf den Tisch.«

Er nickt, geht aber noch nicht, nachdem auch dieser letzte Teil geklärt ist. Ich ziehe die Augenbrauen hoch.

»Also, ähm … Das bleibt weiterhin unter uns, ja?«

Ich trete mit zwei großen Schritten nah an ihn heran, lecke ihm ausgiebig über die verschwitzte Schläfe und flüstere in sein Ohr: »Klar, ist ja abgemacht. Hätte ja nichts davon, dich zu verraten.«

Mit diesen Worten wende ich mich von ihm ab und krame ein Tanktop, eine Unterhose und Shorts zusammen, die ich mir überstreife, ohne ihn weiter zu beachten. Schließlich fällt die Tür ins Schloss.

Einen Moment lang sitze ich auf meinem Bett und genieße die angenehme Leere, die sich in mir breitgemacht hat. Ganz beiläufig lange ich nach dem Umschlag und öffne ihn. Zähle die Scheine nach. Natürlich: Es ist mehr als vereinbart. Die feine Gesellschaft will sich ja nicht nachsagen lassen, sie wäre geizig. Und wahrscheinlich hat der Kerl auch einfach Schiss, dass ich doch irgendwem stecke, was wir hier getrieben haben. Ich seufze, doch es soll mir recht sein. Das bringt mich meinem Ziel noch ein Stückchen näher, und so kurz vor dem großen Finale nehme ich gerne noch alles mit, was geht. Den Umschlag schiebe ich unter die Matratze. Das Geld kann ich in den nächsten Tagen häppchenweise aufs Sparbuch einzahlen.

Aber vielleicht sollte ich erst mal ganz vorne anfangen und erzählen, wieso mich notgeile kleine Geldsäcke wie der Rotschopf heimlich besuchen. Und warum ich mich von denen überhaupt für Sex bezahlen lasse …

Kapitel 2: Reich, aber sexy

Hechelnd erreichte ich endlich das goldglänzende Prunktor, hinter dem ich einen weitläufigen Hof erkannte und an dessen Ende: ein protziges Gebäude, wie ich es noch nie gesehen hatte. Der Schweiß rann mir in Bächen den Hals herab, klebte mir das Shirt an die Haut und brannte mir in den Augen. Für den Moment ließ ich meinen prall gefüllten Rucksack auf den Boden krachen, stellte die viel zu schwere Reisetasche ab und atmete tief durch. Ich musste mich sammeln und fühlte mich noch nicht bereit, in diese mir völlig unbekannte Welt einzutreten. Von der Last befreit, fühlte ich mich plötzlich so leicht, als müsste ich jeden Moment in den Himmel schweben.

Die Schule lag irgendwo am Arsch vom Arsch der Welt, und so hatte ich die letzten zwei Kilometer von der Bushaltestelle bis hierher laufen müssen. Normalerweise kein Problem, aber bei fünfunddreißig Grad im Schatten – ohne irgendwelchen Schatten auf der Strecke vor mir – und mit gefühlten drei Zentnern auf dem Rücken war der Gang zu einem echten Survivaltrip geraten.

In einem Zug leerte ich nun die Wasserflasche aus meinem Gepäck und wischte die größten Schweißsturzbäche mit mehreren Taschentüchern trocken. Das war er also: der Ort, wo ich die nächsten zwölf Monate verbringen würde. Mein Blick wanderte an den blitzblanken Metallstäben empor. In goldenen Großbuchstaben stand über dem ausladenden Tor: IMBE, kurz für: »Institute of Management and Business Excellence«. Was auch immer damit gemeint war.

Am Ende war es einfach nur eine irre teure Privatschule, an der die verwöhnten Sprösslinge schwerreicher Familien ein bis zwei Jahre lang Vorbereitungsunterricht erhielten, bevor sie sich an noch viel teureren Privatunis für BWL oder so was einschrieben, um später zu erben und selber millionenschwere Wirtschaftsbosse zu werden. Der Kreislauf der Natur, einfach wunderschön.

Nach der kurzen Verschnaufpause schulterte ich wieder mein Gepäck und ging zu dem breiten Pfosten auf der rechten Seite, an dem ich eine Klingel entdeckt hatte. Ich drückte auf den Knopf, wartete eine halbe Minute, noch etwas länger, dann drückte ich noch mal. Ein Knacken ertönte und eine kalte, irgendwie abwesende Stimme fragte aus der Gegensprechanlage: »Nicht so hastig. Wer begehrt Einlass und aus welchem Grunde?«

Ich wunderte mich mehr über die komische Formulierung als über die unfreundliche Begrüßung.

»Hallo?!«, bohrte die Stimme energisch nach, als ich nicht sofort antwortete, jetzt hörbar entnervt.

»Äh, ja, hier ist der neue Hausmeister. Also, die Vertretung, Sie wissen schon …« Falls ich vergessen habe, das zu erwähnen: Natürlich war ich nicht als neuer Schüler hierhergekommen. Dazu fehlte mir nicht nur das nötige Kleingeld, sondern auch die einflussreiche Snobfamilie, um überhaupt in den elitären Kreis der Schülerschaft aufgenommen zu werden.

»Jaja, wir erwarten Sie. Jemand wird Sie am Tor in Empfang nehmen, bitte warten Sie dort.«

›Wo soll ich auch sonst warten?‹, hätte ich gern gefragt, denn alleine kam ich nicht rein, und weit und breit gab es nichts außer trockenen Sommerwiesen. Doch die Sprechanlage hatte schon wieder geknackt, und die Verbindung war getrennt.

Da stand ich also: Dustin, gerade neunzehn Jahre alt, der Arbeiterbengel aus dem Plattenbauviertel einer tristen Kleinstadt, ausgezogen, die Welt zu erobern. Oder so ähnlich.

Genau genommen hatte ich die letzten Monate dringend einen Job gesucht, und zwar aus verschiedenen Gründen: Erstens war in der Haushaltskasse meiner Eltern immer Ebbe, und ich musste seit meinem Schulabschluss vor knapp drei Jahren immer Gelegenheitsjobs annehmen, damit wir nicht finanziell absoffen. Gelegenheitsjobs, weil ich mich gegen eine Ausbildung oder Festanstellung als Ungelernter sperrte. Mein Vater wollte, dass ich wie er im Autowerk ein paar Kilometer neben unserem Viertel anfing, ein bodenständiger Arbeiter wurde. Darauf hatte ich aber absolut keinen Bock.

Damit es nicht ständig zu Streitereien kam, jobbte ich

auf dem Bau, in Imbissbuden und als ich achtzehn war auch in einem Sex-Shop an der Kasse. Ich nahm einfach jede noch so dämliche Arbeit an, die mir angeboten wurde. So brachte ich etwas Geld nach Hause, mein Vater gab Ruhe, und das verschaffte mir eine Schonfrist, um eigene Pläne für meine Zukunft zu schmieden.

Dann war aber plötzlich nicht nur Ebbe, sondern völlige Trockenzeit: Mein letzter Arbeitsvertrag lief aus, und ich fand ums Verrecken keine neue Stelle. Meine Eltern drängten mich, jetzt doch endlich vernünftig zu werden und mit Papas Boss zu reden, der hätte schon bestimmt was für mich. Und in letzter Sekunde entdeckte ich online eine Ausschreibung vom IMBE: »Gesucht wird eine hochmotivierte Vertretung mit Hands-on-Mentality, die unseren Facility Manager …«, das Wort musste ich erst mal nachschlagen und war enttäuscht darüber, was es bedeutete, »… in den zwölf Monaten seiner Abwesenheit würdig vertritt. Tragen Sie mit Ihrer eigenverantwortlichen, doch anweisungskonformen Arbeitsweise dazu bei, die reibungslosen Abläufe in unserer exklusiven Einrichtung zu gewährleisten. Zu Ihren konkreten Tätigkeiten gehören …« Dann folgte eine Liste mit absolut belanglosen Aufgaben – es ging hauptsächlich darum, den Schulhof sauber zu halten, Laub aus dem Pool zu fischen und vielleicht mal einen Nagel in die Wand zu hämmern. Das hatte mit Management so viel zu tun wie mein abendliches Gewichse mit Keuschheit. Dann sah ich, was die Geldsäcke dafür zu zahlen bereit waren – aus ihrer Sicht wohl nur ein Trinkgeld, für mich die Aussicht auf ein

Leben wie Dagobert Duck. Mit so einem Gehalt könnte ich in einem Jahr vielleicht sogar genug ansparen, um endlich mein eigenes Ding zu machen.

Dass dieses »Institut« mitten in der Pampa lag und eine Unterkunft auf dem Schulgelände gestellt wurde, war das Sahnehäubchen oben drauf und meine Chance, mich von zu Hause zu verdrücken. Ich schickte kurzentschlossen meine Bewerbung an die angegebene Mail-Adresse.

Große Chancen rechnete ich mir mit meiner vorhandenen, aber nicht gerade hochkarätigen Berufserfahrung nicht aus. Vor allem, weil ich außer dem Zehnte-Klasse-Abschluss keine Zeugnisse vorzuweisen hatte.

Umso verwunderter war ich, als anderthalb Tage später eine Antwort kam, man fände meine »unkonventionelle Bewerbung ausgesprochen interessant« und würde mich gern in einem Skype-Interview kennenlernen.

Den Termin konnte ich zum Glück ungestört absolvieren, als meine Eltern arbeiten waren. Sie wussten noch gar nicht, dass ich auch weiter weg nach Stellen suchte und bereit war auszuziehen.

Am Ende bekam ich jedenfalls eine Zusage – seltsam, so ganz ohne persönliches Kennenlernen und nach so wenig Formalkram. Aber ich beschloss, mich einfach auf das Abenteuer einzulassen. Mama und Papa haben richtig getobt, als ich ihnen die Zusage zeigte, waren aber sofort still wie brave Lämmer, als ich ihnen entgegenbrüllte, was ich in dem neuen Job verdienen würde. Damit konnte ich locker sogar die monatliche Rate für die neue Schrottkarre übernehmen, die sie notgedrungen angeschafft hatten.

So war es also gekommen, dass ich vor dem gigantischen Tor stand und in der brüllenden Sonne darauf wartete, dass irgendein Knacker mich mitnahm in die Welt der Reichen und hoffentlich Schönen. Immerhin war das hier eine reine Jungenschule, so richtig altbacken, und ich hoffte, dass es wenigstens ein bisschen was fürs Auge gäbe.

Gedankenverloren rückte ich meinen Halbsteifen zurecht, der beim Gedanken an geile gestriegelte Bengel in Anzügen gegen meine zerschlissenen Jeansshorts klopfte. In dem Augenblick quietschte das kleinere Gitter neben der Einfahrt und ein hagerer Kerl mit faltigem Truthahnhals stand mir gegenüber. Sein blassgrauer Anzug ließ ihn noch viel fahler erscheinen, als seine blasse Haut und sein dünnes Haar ohnehin schon. Er musterte mich schamlos von oben bis unten, seufzte laut und sagte dann: »Nun, in Arbeitskleidung wird er wohl weniger unangenehm auffallen.«

Als hätte ich die Bemerkung nicht gehört, streckte ich ihm die Hand entgegen und sagte: »Hallo, Dustin, ich bin die Vertretung für den Hausmeister.«

»Mir ist wohl bewusst, wer Sie sind. Wenn Sie mir bitte folgen würden«, sagte er, ohne mir die Hand zu geben, drehte sich um und winkte mich beiläufig hinter sich her.

Von hinten betrachtet wirkte der Kerl noch hagerer, wie ein wortwörtlicher Strich in der Landschaft. Darüber konnte auch das gut geschnittene Jackett nicht hinwegtäuschen. Die Hose seines Anzugs war etwas zu kurz und entblößte seine spitzen Knöchel.

Ich fragte mich, wie er es bei diesem Wetter in einem Zweiteiler aushielt. Zu schwitzen schien er nicht, aber vielleicht hatte der letzte Tropfen Feuchtigkeit seinen ausgedörrten Körper einfach schon vor Jahren verlassen, sodass nur trockene Verbissenheit zurückgeblieben war?

»Wie Sie der Stellenausschreibung bereits entnommen haben werden«, begann er, »handelt es sich bei unserem Haus um eine gehobene Bildungseinrichtung, zu der nur die Abkömmlinge bedeutender Industrieller und Magnaten Zugang erhalten. Hier bereiten wir die jungen Hoffnungsträger auf ihrem Weg zu zukünftiger Größe auf die Unwägbarkeiten ihrer weiteren Laufbahn vor.«

Ich hoffte, der Truthahnhals würde mich jetzt nicht die nächste Stunde über die Großartigkeit dieser »Einrichtung« belehren. Mir war schon beim dritten Wort langweilig geworden.

»In diesem Sinne halten wir auch Tradition und Werte hoch. So ist, wie Sie bereits unterrichtet wurden, unser Haus ausschließlich den Söhnen besagter Familien zugänglich. Den Töchtern steht unsere Dependance im Süden offen. Immerhin: Es sind ja noch junge Leute, die sich bei uns einschreiben, und Sie wissen sicherlich …«

Jetzt drehte er sich zu mir um und musterte mich noch einmal. In diesem Moment kam er mir vor wie ein lebendig gewordenes Abziehbild eines deutschen Beamten aus den Fünfzigerjahren. Auch ich schaute an mir herab und stellte fest, dass mein Schwanz eine ganz beachtliche Beule in meine Shorts schlug.

»Sie wissen ja sicherlich selbst, welche … Bedürfnisse

in jungen Menschen hier und da aufkeimen.« Ein trockenes Räuspern, dann ein stierer Blick in die Augen. »Nun ja, für derlei Ablenkungen ist hier natürlich kein Platz. Sie verstehen.«

Ich verstand und zuckte mit den Schultern. Ich sollte hier nicht zu Schule gehen, also konnte es dem Knacker echt egal sein, welche Bedürfnisse in mir aufkeimen würden oder nicht.

»Wir erwarten daher von Ihnen, dass Sie sich zukünftig weniger, wie soll ich es sagen? Dass Sie sich weniger frivol präsentieren.« Damit deutete er unspezifisch auf mein Outfit. Ich gebe zu, meine Shorts waren wirklich sehr kurz geraten, an einer Stelle schaute die Unterhose raus. Und mein schlabbriges Tanktop entblößte mehr von meiner schweißnassen Brust, als es verdeckte.

›Aber es ist scheiße heiß!‹, hätte ich gern erwidert. Um es mir aber nicht schon in den ersten zehn Minuten mit dem neuen Arbeitgeber zu verscherzen, zuckte ich nur mit den Schultern und sagte: »Geht klar.«

Wieder trockenes Räuspern.

»Ich bin mir gewiss, Sie werden bald dazulernen. Mein Name ist übrigens Dr. Dr. Alberts, meines Zeichens rechte Hand der Direktion unseres Hauses. Sehr erfreut.«

Seine Augen sagten alles, nur nicht, dass er erfreut war, doch immerhin streckte er mir jetzt die Hand entgegen. Ich griff danach, und einen eiskalten Händedruck später setzten wir unseren Weg fort.

Erst jetzt ließ ich den Blick über das ausladende Gelände schweifen: Eine wahre Prachtstraße führte vom Tor auf einen runden Platz mit Springbrunnen vor einem schimmernden Palast. Links davon befand sich auf halber Strecke ein großer Parkplatz, auf dem die Luxuskarossen nur so blitzten. Da war mir auch klar, warum sich niemand darum bemüht hatte, die Busstrecke noch bis zur Schule zu erweitern: Die Schüler liefen den Weg bis ins nächste Dorf natürlich nicht. Sie hatten selbstverständlich Autos, mit denen sie kommen und gehen konnten, wie sie wollten. Ich Dummerchen!

Nach dem zweiten Teil des elendig langweiligen Vortrags erreichten wir endlich das Hauptgebäude der Schule. Ich blickte nach oben und musste die Augen zusammenkneifen, so blendend hell erstrahlte der weiße Marmor in der Sonne. Fünf Stockwerke erhob sich der Palast in den Himmel. Wenn man davorstand, befanden sich auf der linken Seite die Unterrichtsräume, im rechten Flügel die Schülerunterkünfte, wie ich erfuhr.

Den kreisrunden Schotterplatz vor dem Hauptgebäude umgaben akkurat gestutzte Buchsbäume, und daran schloss sich ein schon fast ekelhaft perfekt getrimmter Rasen an. Vor der Eingangstür – Eingangspforte, oder wie nennt man das? Die Türflügel waren mehrere Meter hoch – standen vier junge Kerle in schwarzen und grauen Anzügen. Zwei davon hübsch, aber eher unauffällig. Der mit den längeren Haaren gefiel mir trotzdem ganz gut, der andere wirkte langweilig und wurde von seinem auffälligen Aufzug überstrahlt – er trug einen altmodischen Anzug mit Fliege, als wäre er vom Anfang des letzten Jahrhunderts übrig geblieben. Einer hatte einen dunkleren Teint, ein südländischer Typ, der war echt süß und stand hinter dem Grüppchen, als wollte er nicht zu sehr auffallen.

Zwischen ihnen ragte ein dunkelblonder Hüne auf. Als Einziger hatte er den Hemdkragen gelockert. Die obersten Knöpfe standen offen und ließen mich ein wenig von der glatten, kräftigen Brust darunter erahnen. Seine blaugrauen Augen waren durchdringend, die große und sehr ebenmäßige Nase ließ ihn wirken wie einen Aristokraten aus vergangenen Zeiten. Sein Haar lag ordentlich zurückgekämmt auf seinem Haupt, nur eine kleine Strähne hatte sich gelöst und hing ihm in die leicht vor Schweiß glänzende Stirn.

Mein Schwanz zuckte in den Shorts, aber ich beherrschte mich, mir unter aller Augen zwischen die Beine zu langen und ihn zu richten. Sein Jackett hatte der große Kerl sich über die Schulter geworfen, zwischen den Fingern klemmte eine qualmende Kippe.

»Tag, Dr. Alberts. Wer ist denn die Prollbohne?«, fragte er und grinste dämlich.

Prollbohne – ich bin eben sehr hochgewachsen, über eins neunzig, und dazu zwar durchaus muskulös, aber trotzdem schmal gebaut wie eine Bohnenstange. Besonders nett fand ich die Begrüßung nicht, aber irgendwie fühlte ich mich fast geschmeichelt, dass der arrogante Adonis mir gleich so viel Aufmerksamkeit widmete.

»Ich bin Dustin. Und du bist?«, fragte ich unverfänglich. Das ganze Grüppchen stieß zeitgleich ein arrogantbelustigtes Kichern zwischen den makellosen weißen

Kauleisten hervor. Ein bisschen mulmig wurde mir in dem Moment schon, immerhin würde ich das ganze nächste Jahr hier verbringen müssen. Hoffentlich waren nicht alle Schüler hier dermaßen eingebildet, denn sonst war klar, dass das sehr einsame zwölf Monate werden würden.

»Das ist die Vertretung unseres Facility Managers. Er wird hier bis zu dessen Rückkehr einige Aufgaben übernehmen, die Sie jedoch nicht weiter interessieren müssen«, antwortete Dr. Truthahn, um einem Schlagabtausch vorzubeugen. »Im Übrigen sollten Sie wissen, Herr von Bergerow, dass das Rauchen vor dem Gebäude nicht gestattet ist.«

»Genauso wie Sie, Dr. Alberts, wissen sollten, welche Summen meine Familie dem Institut seit Gründung jedes Jahr zukommen lässt.«

Treffer – versenkt. Mir schmeckte das überhaupt nicht, doch die dreiste Schlagfertigkeit des Burschen konnte ich nicht leugnen. Zumindest wusste ich jetzt, wer sich an dieser Schule als Alphatier aufspielte. Weil sich das Ganze schon jetzt wie ein elitärer Highschool-Teenie-Film aus Hollywood anfühlte, konnte diese Information sicher nicht schaden. Selbst Alberts erwiderte nichts weiter, räusperte sich nur und forderte mich auf, ihm ins Sekretariat zu folgen.

Die klimatisierte Luft in dem Büro schlug mir so unerwartet entgegen, dass ich das Gefühl hatte, gleich umzukippen, und mich kurz am Tresen im vorderen Teil des Raums festhalten musste. Alberts kramte eifrig in irgendwelchen Unterlagen und fand schließlich einen dicken Stapel Papier, den er vor mir auf den Tresen knallte.

»Ihr Arbeitsvertrag«, sagte er knapp und tippte mit einem Kuli auf die Stelle, wo ich unterschreiben sollte. Ich hatte den Wisch schon vorab in einer Mail bekommen und durchgelesen – und sowieso nur die Hälfte verstanden. Dieses unbürokratische Vorgehen schien mir reichlich komisch, nur war ich viel zu erledigt, um misstrauisch zu werden. Und zurück nach Hause zu kriechen, war keine Option. In der Hoffnung, nicht meine Leber zu verkaufen, unterschrieb ich also einfach.

Dann zückte Alberts eine Plastikkarte, die er mir entgegenstreckte. Ich nahm sie und las darauf meinen Namen, meine Stellenbezeichnung und den Namen der Schule. Darunter war eine Art Strichcode abgedruckt.

»Mit diesem Dienstausweis verlassen und betreten Sie den Campus durch den Fußgängerein- und -ausgang. Halten Sie ihn einfach vor die Scanvorrichtung, die in die Wand eingelassen ist.«

Wahnsinn, immerhin durfte ich mich also eigenständig bewegen. Es hätte mich ja nicht gewundert, wenn ich jedes Mal um Erlaubnis hätte fragen müssen, wenn ich die Lackaffenburg zwischendurch verlassen wollte.

»Allerdings würde ich Sie bitten, dass Sie sich dabei nicht allzu auffällig verhalten und Ihre Ausgänge den Umständen entsprechend gestalten.«

Unsere Blicke trafen sich, und Dr. Truthahn schien auf eine Bestätigung zu warten, dass ich wusste, wovon er redete.

»Keine Sorge, ich werde die hohen Herrschaften nicht behelligen, wenn sie hier ein- und ausgehen.«

Das war ihm wohl etwas zu direkt, aber dieses geschwurbelte Drumherumschwafeln war einfach nichts für mich. Seufzend bedeutete er mir, ihm zu folgen, und führte mich durch den Lichthof in der Mitte des Hauptgebäudes. Der war umringt von Säulen aus schwarzem Marmor, um deren obere Enden sich kitschige Steinblätter rankten, die mir insgeheim gut gefielen.

Von rechts kamen uns zwei Schüler entgegen, die kicherten und uns nicht weiter beachteten. Als sie an mir vorbeiliefen, taxierte ich sie unauffällig. Die Absätze ihrer schwarz glänzenden Schuhe gaben unter ihren selbstbewussten, ausladenden Schritten klackend hallende Laute von sich. Auch sie waren auffallend gut gebaut, die hellblauen Business-Hemden spannten über prallen Oberarmen. Zwei Sekunden klebte mein Blick noch an ihren kleinen Ärschen, die in den weichen Tuchhosen unanständig gut zur Geltung kamen. Ich fragte mich, ob alle Schüler in dieser Eliteklitsche so gut aussahen – und wie ich es schaffen sollte, mir oft genug einen runterzuholen, um nicht irgendwann mit Dauerständer rumzurennen und vor Geilheit durchzudrehen.

Als wir aus dem Hinterausgang ins Freie traten, schlug die Sonne mit ihrer brennenden Faust zu und machte jede Erfrischung der kühlen Innenräume zunichte. Alberts schien das überhaupt nichts auszumachen, und ich hatte Mühe, mit ihm Schritt zu halten. Dass ich auch immer noch meinen schweren Rucksack und eine vollgepackte

Reisetasche schleppen musste, hielt ihn nicht davon ab, im Stechschritt auf einen Pool zuzulaufen, der sich vor uns erstreckte. Oder nein, es war kein Pool, eher ein olympisches Schwimmbecken mit enormen Ausmaßen.

»Das Freihalten des Sportschwimmbeckens von Laub und die Kontrolle des Pumpensystems auf seine Funktionalität hin gehört ab morgen ebenso zu Ihren Aufgaben. Leistungsträger müssen selbstverständlich auch ihre körperliche Leistungsfähigkeit ausbilden. Möglichkeiten zur körperlichen Ertüchtigung bereitzustellen, ist daher von hoher Priorität für unsere Einrichtung«, erklärte der trockene Kerl ungerührt.

Ich konnte nur auf die grellblauen Wassermassen starren und wünschte mir nichts sehnlicher, als mich sofort hineinzuwerfen und die Sommersalzkruste von meiner Haut abzuspülen. Und mich anschließend in der nassen Kühle mit einigen der geilen Jungs hier sehr ausgiebig körperlich zu betätigen. Ich ignorierte das Pochen meiner Latte, die sich aufdringlich gegen meine Shorts stemmte.

»Darf ich denn …«, sagte ich mit einem Seitenblick zum Truthahnhals, sprach aber nicht zu Ende, weil ich schon ahnte, dass die Frage in seiner Welt furchtbar frech war. Er hatte schon verstanden, worum es mir ging.

»Nun, diese Anlage dient wohl kaum Ihrer privaten Verlustierung, nicht wahr?!«, sagte Alberts scharf und straffte seine magere Brust. Dann plötzlich lockerte sich sein Ausdruck ein klitzekleines bisschen. »Aber, wie soll ich es sagen – Sie kennen sicherlich auch das alberne Sprichwort. ›Was ich nicht weiß …‹« Offenbar hatte er zumindest einen der Stöcke aus seinem Arsch gezogen und machte mir dieses kleine Zugeständnis, wie man einem bettelnden Hund ein Leckerli hinwirft, damit er Ruhe gibt.

»Selbstverständlich.« Ich nickte und ließ die unausgesprochene Vereinbarung zwischen uns stehen, bevor er es sich noch anders überlegte.

Schließlich standen wir vor einem sehr amerikanisch aussehenden Poolhaus. Ich hoffte sehr darauf, dass unsere Tour hier vorerst enden würde, denn ich hatte wenig Lust, mein Gepäck noch über den ganzen Rest des unüberschaubaren Areals spazieren zu tragen.

»Ihre Unterkunft befindet sich hier, im vorderen Teil. Der hintere Raum des Poolhauses dient als Geräteschuppen, dazu aber später mehr«, sagte Alberts, und ich atmete erleichtert auf. »Vielleicht wollen Sie für den Moment Ihre Sachen ablegen und sich ein wenig … frisch machen.« Er rümpfte kaum merklich die Nase, als würde ich einen kaum zu ertragenden Geruch verströmen, aber es war mir egal. Mit der Ansage, dass er mich in einer Stunde hier wieder abholen würde, drückte er mir einen Schlüssel für das Häuschen in die Hand.

Natürlich war meine Unterkunft nicht klimatisiert, und auch von dem Hollywoodschick war drinnen nicht mehr viel zu sehen: Altes beiges Linoleum bedeckte den Boden, die Einrichtung bestand lediglich aus einem dreckiggrünen Spind, einem winzigen Schreibtisch mit Stahlrohrstuhl, einem zerschlissenen Ohrensessel und einem schmalen Bett. Klar, der Prolet an sich braucht keinen Luxus. Aber es war ja nicht für immer …

Meine Sachen wollte ich später auspacken, zuallererst riss ich mir das durchgeschwitzte Zeug vom Leib, zog zielsicher ein Stück Seife aus der Tiefe meines Rucksacks und ging durch eine bedrohlich niedrige Tür in das kleine Badezimmer. Mein Schwanz ragte halbsteif in die Luft und wippte bei jedem Schritt schwerfällig, wie um meine Aufmerksamkeit auf sich zu ziehen.

Unter dem prasselnden Wasser der Dusche erwachte ich zu neuem Leben und hatte erst jetzt das Gefühl, dass auch mein Kopf in meinem neuen Leben ankam. Ein paar Minuten lang ließ ich die ersten Eindrücke dieses seltsamen Ortes Revue passieren. Ich sah Alberts vor mir und schüttelte den Kopf, musste aber auch lächeln. Seine Herablassung war so überzogen, dass ich sie nicht einmal ernst nehmen konnte.

Ich seifte mich gründlich ein, das Gesicht, die Haare, fuhr mir über meine kräftige, aber doch schlanke Brust. Vor meinem inneren Auge erschien der dunkelblonde Kerl, der mit seiner Gang vorm Haupteingang gestanden hatte. Die Erinnerung an sein Gesicht, an seinen Ausdruck erregte im Gegensatz zu Dr. Truthahn zugleich mulmige und prickelnde Gefühle in mir: Seine Beleidigungen regten mich rückblickend auf, aus irgendeinem Grund konnte ich sie nicht beiseitewischen, wie ich es sonst tat. Eine überraschend feurige Wut kochte in meinem Magen. Gleichzeitig machte mich es mich an, mit welcher Überzeugung er alle Welt wissen ließ, dass er sich für was

Besseres hielt. Selbstbewusstsein ist eben sexy. Auch wenn er zu viel davon hatte, war es vor allem eins: echt. Und diese Anziehungskraft mischte sich jetzt in meine Wut hinein, bis mir ganz heiß wurde.

Was ich außerdem zugeben musste: Er sah einfach verdammt gut aus. Die kräftige Statur, die auf ein regelmäßiges Training schließen ließ. Wie sich das lässig aufgeknöpfte Hemd über seiner Brust spannte. Das scharf geschnittene Gesicht mit der großen, geraden Nase.

Wie die Nase eines Mannes … So sagt man doch. Ich fragte mich, ob er wohl einen genauso stattlichen Schwanz hatte. Auch wenn ich natürlich wusste, dass es da keinen Zusammenhang gab.

Ich spielte mir gedankenverloren an den Nippeln und zuckte zusammen, als ich etwas zu fest reinzwickte. Wie gern hätte ich dem Arsch die Klamotten runtergerissen, ihm meine Zunge in den Hals gesteckt und ihm anschließend seine Arroganz mit meinem harten Schwanz aus dem trainierten Leib gefickt.

Mir war klar, dass es noch eine interessante Entwicklung zwischen diesem Kerl und mir geben würde. Es lag einfach in der Luft. In welche Richtung es letztlich gehen würde, konnte ich aber noch nicht wissen.

Meine Latte wollte sich aufstellen und stieß gegen die Wandfliesen. Zum Wichsen war es in dieser Kabine einfach zu eng. Ich stellte das Wasser ab, griff ein Handtuch, das neben der Duschkabine bereitlag und trocknete mich grob ab, während ich zurück ins Zimmer lief. Dort ließ ich mich aufs Bett fallen.

Ich angelte nach meiner Reisetasche und zog sie heran. Eine Weile musste ich kramen, zerrte Boxershorts und einiges mehr heraus, bis ich fand, was ich suchte. In der Hand hielt ich ein Fleshlight, kurz darauf hielt ich auch ein Fläschchen Gleitgel in der Hand. Das Teil war noch unbenutzt. Ich hatte es vor meiner Abreise im Sex-Shop am Bahnhof gekauft, weil ich fürchtete, mich auf ein sexloses Jahr in der Pampa einstellen zu müssen. Und die Abwechslung, die mir meine rechte Hand bieten konnte, war deutlich begrenzt.

Kurz dachte ich an den einzigen Schwulenclub zurück, den es in meiner verpennten Heimatstadt gab. Da hatte ich, seit ich volljährig geworden war, wenigstens hin und wieder einen einigermaßen attraktiven Kerl aufreißen können, auch wenn ich mich damit schon nach drei Monaten einmal durch die ganze winzige Szene vor Ort gebumst hatte.

Und dann war da noch Nico gewesen. Der kleine, stille Nerd aus meinem Abschlussjahrgang, der hinter seiner Altmännerbrille ziemlich süß war. Als ich ihn endlich überredet hatte, sich einen ordentlichen Haarschnitt verpassen zu lassen, gefiel er mir sogar noch viel besser. Sehnsüchtig dachte ich an die Abende zurück, die wir zusammen vor seiner Spielkonsole verbracht hatten, um Plotholes in japanischen Videospielen zu analysieren. Manchmal hatten wir auch still nebeneinander gelegen, jeder in ein Buch oder einen Comic vertieft, und zwischendurch lasen wir uns kurze Zitate vor, die uns besonders gefielen.

Ja, tatsächlich, die Prollbohne liest Bücher und findet Nachdenken gar nicht so doof wie die ehemaligen Schulkumpels. Die hatten das immer belächelt.

Ein ungleiches Paar waren wir gewesen, Nico und ich, meine coolen Kumpels hatten immer misstrauisch beäugt, wie gut ich mich mit diesem Außenseiter verstand. Im Gegensatz zu ihm würde ich die anderen wohl nicht besonders vermissen. Was zum Teil auch mit Nicos kleinem, engem Arsch zusammenhing, den ich nach unserer geistigen Beschäftigung regelmäßig und zu unser beider Vergnügen mit meiner pochenden Latte aufbohren durfte.

Ich seufzte. Einen Arsch zum Ficken oder einen Schwanz zum Lutschen würde ich in den nächsten zwölf Monaten wohl eher nicht bekommen. Vielleicht würde ich versuchen, einen der Geldsäcke hier klarzumachen, aber große Hoffnung machte ich mir nicht. Wahrscheinlich ließen die sich lieber eine Edelnutte kommen, die mehr kostete als mein ganzes Leben. Oder sie machten das einfach untereinander aus. Wer konnte das schon so genau wissen.

Etwas Gleitgel auf der Hand, begann ich, das neue Toy zu befummeln. Es fühlte sich kühl an, als ich mit dem Finger hineinstieß, aber abgesehen davon erstaunlich echt. Ich setzte das Teil an und schob es langsam über meine fette Schwanzspitze. Das künstliche Loch war enger, als ich gedacht hatte, und spannte sich fast bis zum Bersten. Sofort überzog eine Gänsehaut meinen ganzen Körper. Ich zuckte kurz zurück vor der Kälte, doch beim zweiten Anlauf konnte ich das ungewohnte Gefühl schon genießen.

Ich dachte an Nicos strammen Hintern, während ich tiefer in die feuchte Kühle eindrang. Ich hatte ein durchsichtiges Modell ausgesucht, sodass ich genau beobachten konnte, wie sich mein Schwanz vorarbeitete. Das gefiel mir gut, und meine Latte pumpte sich noch ein wenig mehr auf, wodurch der Platz in dem Teil echt knapp wurde. Mir kam der Gedanke, wie erstaunlich es war, dass mein Ding überhaupt in Nicos kleinen Arsch gepasst hatte.

Gleichmäßig bewegte ich das Fleshlight vor und zurück. Dabei beobachtete ich genau, wie mein Schwanz Mal um Mal eindrang, sich zurückzog und wieder vorstieß. Langsam wurde das Material wärmer, und auch mir wurde heiß. Auf meiner Stirn standen schon wieder kleine Schweißperlen.

Irgendwann schloss ich die Augen, und mein Rhythmus wurde immer schneller. Meine Eier waren voll wie schon lange nicht mehr. Es zog mir vom Sack in die Leisten, dass ich mich auf dem Bett hin und her warf. Und dann tauchte vor mir das herablassend grinsende Gesicht des Muskelhünen auf. Mit ihm kam diese unbestimmte Wut zurück. Sie vermischte sich mit den Lustschauern in meinem Körper und bildete einen wilden Strudel, der mich mit sich riss und mir das Hirn vernebelte.

Das künstliche Fickloch fest in den Händen, stieß ich meine Hüften wieder und wieder nach oben in den glitschigen, schmalen Kanal, und ich stellte mir vor, es wäre der Arsch dieses selbstgefälligen Kerls, in meinem Kopf stöhnte und wimmerte er unter meinen Stößen, jedes

Mal, wenn mein Bolzen ihn aufspießte, und ich wurde noch schneller, spannte fest den Hintern an in meinem hämmernden Takt bis – ja bis mein Saft in das Fleshlight schoss.

Ich pumpte das Teil voll mit einer regelrechten Flut, doch ich hörte nicht auf zu ficken. Wieder und wieder rammte ich meinen immer noch stahlharten Schwanz hinein, bis ich irgendwann nur noch hechelte und von einem Moment auf den nächsten schlapp in die Matratze sackte.

Der Schweiß rann mir in die Augen, aber ich kümmerte mich nicht darum. Die Wut war erloschen, zurück blieb nur eine noch immer gierige Geilheit, die nach mehr verlangte. Irgendwann zog ich das heißgefickte Toy von meinem Halbsteifen. Aus dem Loch quoll ein warmer Schwall meines Spermas über meine Eier. Meine Haut kribbelte, und ich war fast schon bereit für Runde zwei.

Als es klopfte.

»Bitte, beeilen Sie sich, ich habe hier einen straffen Terminplan zu verfolgen«, stach Alberts Stimme durch die Tür und direkt in mein Trommelfell.

›Scheiße‹, dachte ich und sprang auf. »Sorry, bin gleich da«, rief ich, stürzte ins Bad, wischte mich notdürftig mit Klopapier ab und streifte mir das Erstbeste über, was ich an Klamotten neben meiner Tasche fand.

Als ich vor die Tür trat, setzte Dr. Truthahn einen kaum zu missverstehenden Blick auf. Ich folgte seinen Augen.

BITCH BOYS THIS WAY stand auf meinem Shirt, darunter prangte ein fetter Pfeil, der auf meinen Schritt wies.

Ups, das Oberteil hatte ich mir als Gag für schwule Partys gekauft und wohl aus Versehen mit eingesteckt.

Statt mich zu schämen, grinste ich Alberts frech an und verkaufte ihm das Ganze so als bewusste Provokation. Er durfte ruhig wissen, dass ich mich nicht zu sehr von seiner Art beeindrucken ließ.

»Wenn er mir dann folgen würde, ich habe nicht den ganzen Tag Zeit«, forderte er kopfschüttelnd. Offenbar war das Thema damit erledigt. Ich verbuchte das als Punkt für mich.

Den Nachmittag verbrachte ich damit, hinter Alberts herzutraben, der mir den Geräteraum auf der anderen Seite des Poolhauses zeigte, mich am Computerkabinett und einigen Kursräumen vorbeiführte, dann in die Cafeteria, den Fitnessraum – der mir einen weiteren Ausblick auf die durch und durch hübsch gewachsene und sportvernarrte Schülerschaft bot –, und irgendwann verlor ich den Überblick. Während der Führung erklärte er mir allerhand Dinge, die ich in den kommenden Wochen zu erledigen hatte. Es hörte sich nach wahnsinnig vielseitigen Beschäftigungen an, aber eigentlich lief es am Ende darauf hinaus, den Pool und den Fitnessraum sauber zu halten, auf Zuruf zu springen, wenn irgendein Lehrer kleine Reperatur- oder Räumarbeiten für mich hatte, und den Müll rauszubringen. Am Ende bekam ich noch zwei Blaumänner, die ich während der Arbeit zu tragen hatte.

Sobald Alberts mich endlich entlassen und sich aus dem Staub gemacht hatte, um seine nächste, natürlich wahnsinnig wichtige Aufgabe zu erledigen, stapfte ich k. o. in meine Unterkunft zurück und fiel direkt aufs Bett. Mir gingen die schwitzenden Bengel aus dem Sportraum durch den Kopf, deren jugendliche Gesichter über den durchtrainierten Körpern einen irritierenden und anziehenden Widerspruch bildeten.

Müde wanderte meine Hand an den Hosenstall und kramte meinen heißen Schwanz hervor. Ich wichste ihn mir dreivierteIsteif, in Gedanken bei den Sportskanonen von vorhin, dann bei Nico, in Nico, schließlich unter dem eingebildeten Blondi, der über mir stand und seine Ladung über mein Gesicht verteilte, und dann … verschwammen die Bilder zu einer wilden Orgie mit all den Kerlen, die ich heute gesehen hatte, und ich schlief mit heraushängendem Schwanz einfach ein.

Kapitel 3: Kammerspiele

Endlich war ich damit fertig geworden, die Rasenfläche neben dem Pool zu mähen. Meine Arbeitskluft kratzte mir auf der verschwitzten Haut, aber die größte Hitze des Tages war überstanden, und ich blickte einem entspannten Abend entgegen. Zufrieden schob ich den Rasenmäher in den Geräteraum zurück, stellte mich vor mein Poolhäuschen und überblickte mein Werk.

Dann wurde mir etwas mulmig, weil ich wusste, dass das ganze Spiel in spätestens zwei Wochen wieder von vorne losgehen würde. Der Rasen musste hier unanständig oft gemäht werden, denn es war gar nicht gern gesehen, wenn ein einzelner Halm oder ein Gänseblümchen es wagte, aus dem einheitlichen Grün auszuscheren.

Die ersten zwei Wochen waren für diesen Mammutakt draufgegangen, neben einigen anderen Kleinigkeiten, so groß war das Campusgelände. Ich beschloss, bei Alberts zu fragen, ob seine Exzellenz der Herr Direktor es nicht für möglich halten könnte, einen fahrbaren Rasenmäher anzuschaffen. Das hätte die nötige Arbeitszeit weit mehr als nur halbiert. Vermutlich war es dem griesgrämigen Truthahn aber egal, wie sehr ich schuften musste.

Wie ich so auf den langweilig perfekten Rasen starrte, überlegte ich, womit ich meinen Feierabend verbringen sollte. Die paar Bücher, die ich mitgenommen hatte, waren schon fast alle ausgelesen, es war nämlich gekommen, wie ich es befürchtet hatte: Die meiste Zeit verbrachte ich allein.

Nicht dass die verwöhnten Bengel an dieser Schule alle unfreundlich zu mir gewesen wären. Viel schlimmer, sie beachteten mich im Regelfall kaum. Das gab mir zwar die Gelegenheit, ihnen ungeniert auf den Arsch oder – bei einigen – auf die üppigen Beulen in ihren Hosen zu starren, mit den Augen hier einen Bizeps, da ein paar Nippel abzutasten, die sich unter dem leichten Hemdstoff abzeichneten. Danach musste ich mir nur jedes Mal einen runterholen, um mich noch auf die Arbeit konzentrieren zu können. Und sowohl meine Hand wie auch mein Sexspielzeug ödeten mich bereits an. Wenn schon keinen Freund zum Reden, hätte ich wenigstens gerne einen Fuckbuddy gehabt, um Dampf abzulassen.

Hin und wieder warfen mir die schnöseligen Bengel beiläufig einen Blick zurück. Ganz selten tuschelten sie sogar miteinander – wahrscheinlich kam ich ihnen vor wie ein exotisches Tier in ihrem Zirkus der Reichen und Schönen. Mir war echt egal, was sie von mir hielten. Nur wie sollte ich dieses öde Leben bis zum nächsten Sommer überstehen? Selbst mein Ziel, unabhängig zu werden von anderen, war in diesen ersten Wochen in so weite Ferne gerückt, dass ich mich zu fragen begann, ob es den Aufriss wert war. In Papas Fabrik anfangen wäre eben doch so viel einfacher gewesen.

Zweimal hatte ich mit Nico telefoniert. Der hatte aber auch kaum Zeit für mich, weil er nach unserem Abschluss ans Gymnasium gegangen und zurzeit nur am Pauken war, um sein Abi mit Bestnote abzuschließen. So tauschten wir nur knapp den Stand der Dinge aus, was kaum mehr als drei Sätze brauchte – und dann erklärte ich ihm, wie sehr mir sein Arsch fehlte, worauf er mir versicherte, dass sein Dildo kein adäquater Ersatz für meine Latte war. Und das alles machte meine Situation nur schlimmer, obwohl mich unsere Gespräche doch aufheitern sollten.

Als Einziger schenkte mir der blonde, hochgewachsene Lackaffe mehr Beachtung – aber nicht von der guten Sorte. Wo immer ich ihn antraf, hatte er einen dämlichen Spruch auf den Lippen. Manchmal lief er mir sogar nach, um mir einen halben Roman an die Backe zu labern. Natürlich immer mit dem Ziel, mich ganz klein zu machen und sein eigenes Leben zu höchster Bedeutung hochzujazzen.

Der Kerl regte mich immer noch auf, aber statt mich überrumpeln zu lassen, hielt ich seinem Blick stand, schob hier und da die Brust vor und beantwortete seine sarkastischen Fragen (»Krasses Outfit, trägt man das so bei euch?«) auch mal mit einer obszönen Geste, wenn ich einen guten Tag hatte. Ich glaube, es war egal, ob ich ihn ignorierte, beschimpfte oder ihm Paroli bot. Der musste noch gelangweilter sein als ich, wenn er nichts Besseres zu tun hatte. Netter Nebeneffekt des Ganzen: neues Material für mein Kopfkino. Je aufdringlicher der Kerl wurde, desto mehr machte mich die Vorstellung an, ihm den Schwachsinn aus der Birne zu ficken.

Meine Versuche, der sonst herrschenden Langeweile zu entkommen, waren kaum der Rede wert: Vor ein paar Tagen hatte ich mir übers Smartphone ein billiges Fahrrad gekauft, mit dem ich Ausflüge unternehmen wollte. Nachdem es gestern geliefert worden war, hatte ich mich direkt raufgeschwungen und war in den nächsten Ort gefahren. Meine Erkundungstour war jedoch mehr als ernüchternd verlaufen: Alles, was ich vorfand, war ein verpenntes Nest voller alter Menschen, dessen größte Attraktion eine runtergekommene Eisdiele war, vor der sich die ebenso runtergekommenen Ortsbewohner versammelten. Das Schlecken schlaffer Zungen und Schmatzen faltiger Lippen hatte mich so runtergezogen, dass ich augenblicklich umgedreht und wieder zum Campus gefahren war.

Etwas ratlos kauerte ich mich auf den zerschlissenen Ohrensessel in meinem Zimmer, in der Hand das letzte Buch, das ich noch nicht gelesen hatte: ein kleines Taschenbuch mit rotem Einband, in dem heiße Jungs ein geiles Abenteuer nach dem anderen erlebten und sich gegenseitig bis zur Besinnungslosigkeit durchvögelten. Von diesen Bänden gab es eine ganze Reihe. Früher hatte ich im Bahnhofsbuchladen gerne den ein oder anderen aus dem Regal gezogen, wenn ich unbeobachtet war, und einen

Blick hineingeworfen. Schon die ersten Zeilen waren oft zu viel für mein pubertäres Hirn gewesen, sodass ich mit hochrotem Kopf und spritzbereitem Ständer aus dem Laden fliehen musste.

Obwohl mir die Geschichte um einen Fotografen gefiel, der wilde Spiele mit den Pornostars vor seiner Linse treibt, deprimierte mich das Lesen schon nach drei Seiten. Am Ende führte es mir nur deutlicher vor Augen, was ich in der nächsten Zeit alles nicht haben konnte.

Genervt warf ich das Buch auf mein Bett und mich hinterher. Dann döste ich nach ein paar Minuten einfach weg.

Als ich wieder aufwachte, dämmerte es draußen. Ich kramte in der Tasche meines Blaumanns nach meinem Handy und sah, dass es schon neun war.

»So kann man einen langweiligen Feierabend auch rumbringen«, brabbelte ich in mein Kissen.

Mein Hals war trocken und ich fühlte mich wie ausgedorrt. Unmotiviert richtete ich mich auf und beschloss, mir am Getränkeautomaten vor der Cafeteria irgendeine Limonade zu ziehen. Ich fand das reichlich absurd: ein Getränkeautomat mit Cola, Fanta, Sprite, eben dem üblichen Zuckerwasser, das man an jedem x-beliebigen Kiosk bekam – direkt vor einem Speisesaal, in dem russischer Kaviar, Entrecote, italienischer Biobergziegenkäse, Hummer und mit Blattgold veredelte Sachertorte so selbstverständlich serviert wurden wie anderswo Pommes rotweiß. Wahrscheinlich war es einfach unmöglich, ein schnödes Gebräu wie Cola zu einem Luxusprodukt zu veredeln. Jedenfalls fehlte mir dazu die Fantasie und den Getränkeherstellern offenbar auch.

Als ich am Pool vorbeiging, wehte mir eine belebend frische Abendbrise um die Nase. Mein Kopf wurde etwas klarer, und ich fühlte mich etwas mit meiner Situation versöhnt. Irgendetwas würde schon noch passieren, was mein Leben wieder spannender machte. Ich hatte so ein Gefühl im Bauch. Vielleicht auch etwas weiter unten. Da kribbelte jedenfalls irgendetwas, und zwar alles andere als unangenehm.

Gerade als ich die Hintertür öffnen wollte, kam der dunkelblonde Adonis mit seinem Dreiergespann heraus.

»Hey, Prollo«, sagte er und schob seine Faust in meine Richtung, als wollte er mich mit Ghettofaust begrüßen.

»Kein Schwanz begrüßt sich noch so«, sagte ich trocken.

Er grinste breit.

»Was weiß ich, mein Schwanz treibt sich nicht in der Gosse rum.« Damit packte er sich in den Schritt und machte mit der Zunge diese typische Bewegung gegen die Wange, die man aus tausend Filmen kennt. Klar, ich war ein Schwanzlutscher. Kreativ.

»Valentin, jetzt komm«, sagte einer aus seinem Fanclub. Der mit den längeren Haaren, die er meistens nachlässig hinten zusammengebunden hatte. Er sah aus wie das typische Sportass aus Highschool-Filmen, auf das alle flogen.

Valentin also. Natürlich, wie hätte er auch sonst heißen sollen? Gab bestimmt noch einen zweiten, dritten und vierten Vornamen. Wie es halt so üblich war bei Leuten, die noch nicht geschnallt hatten, dass der Adel abgeschafft war.

»Ich würd dich ja einladen mitzukommen«, sagte Valentin zu mir, »wir kaufen uns jetzt ein paar Nutten. Aber die sauberen, ohne Syphilis und so, du weißt. Aber, na ja …« Jetzt machte er mit Daumen, Zeige- und Mittelfinger eine Bewegung, als würde er einen Geldschein dazwischen reiben. Klar, haha, so eine Edelhure konnte ich mir nicht leisten. Wollte ich auch gar nicht. Und wenn, dann nur einen Edelhurerich.

Natürlich war das Quatsch, der kleine Niedliche mit dem südländischen Teint, der noch neben Valentin stand, hielt eine Badehose in der Hand, sie wollten also schwimmen gehen.

»Also dann, Hausmeisterchen. Bleib sauber.« Valentin machte einen Gruß mit zwei Fingern an der Schläfe. Zur Antwort streckte ich meinen Mittelfinger aus und leckte mit der Zunge daran entlang. Keine Ahnung, was ich damit sagen wollte, aber es schien mir angemessen behämmert für die Situation.

Im Lichthof des Hauptgebäudes bog ich nach rechts ab und steuerte endlich auf die Cafeteria zu. Das grelle Licht des Getränkeautomaten vor der Eingangstür spiegelte sich auf den glatten schwarz-weißen Fliesen des Flurs. Nach kurzem Überlegen steckte ich ein Zwei-Euro-Stück in den Schlitz des Gerätes und drückte den Knopf für eine kleine Flasche Apfelschorle. Diese Zuckerplörre war einfach nichts.

Die kühle Flasche in der Hand, wandte ich mich zum

Gehen, als ich ein Klappern links aus dem Gang hörte. Um diese Zeit war es in diesem Teil des Gebäudes normalerweise mucksmäuschenstill, weil alle auf ihren Zimmern oder im Gemeinschaftsraum im gegenüberliegenden Flügel rumhingen.

Krkk.

Ich ging ein paar Schritte in die Richtung des Geräusches und lauschte in die Stille. Ein paar Sekunden vergingen, bis ich wieder irgendetwas klappern hörte. Da bemerkte ich, dass durch die kleine Scheibe in der Tür der Abstellkammer Licht fiel. Hatte ich vergessen, sie abzuschließen? Nicht dass es da etwas zu klauen gegeben hätte, dort befanden sich nur ein paar Putzutensilien und Werkzeuge. Ich schlich mich also näher heran und spähte durch das kleine Fenster in den Raum dahinter.

Eine heiße Welle rollte durch meinen Körper, und blitzartig schoss mir das Blut in den Unterleib. Nach ein paarmal Blinzeln war ich mir sicher: Ein hübscher Schüler mit braunen Locken lehnte an einem der Regale, die Hände fest um das Brett hinter sich gekrallt, während zwischen seinen Beinen ein kurz geschorener Bengel kniete und seinen Schwanz bearbeitete.

›Mein Bauchgefühl lag also richtig‹, dachte ich und lächelte. Meine rechte Hand wanderte in meinen Blaumann hinein und suchte meinen Halbsteifen.

Energisch schnellte der Kopf des knienden Burschen vor und zurück. Der Lockenkopf hatte sichtlich Mühe, ein Stöhnen zu unterdrücken. Sein Mund war leicht geöffnet. Mit den flatternden Augenlidern wirkte er ganz abwesend.

Eine Hand löste sich von dem Regalboden, und der Bursche begann, seine eigene glatte Brust zu befummeln und sich abwechselnd an den Nippeln zu spielen. Der Kurzgeschorene war dazu übergegangen, die straffen Eier seines Freundes zu lecken. Ich erhaschte einen Blick auf den kerzengeraden beschnittenen Schwanz, der stolz in den Raum ragte. Nicht zu dick, nicht zu dünn – ein Schwanz wie aus dem Bilderbuch. Wenn es denn ein Bilderbuch mit Schwänzen gegeben hätte.

Ich leckte mir sehnsüchtig über die Lippen und wünschte mir, mit dem Schwanzlutscher tauschen zu können. Valentin hätte sich sicher gefreut zu wissen, wie genau seine deftige Geste vorhin zugetroffen hatte.

Meine Latte drängte mittlerweile heftig gegen den Stoff meiner Arbeitskluft. Ich zog sanft daran und verrieb mit dem Zeigefinger einen dicken Tropfen Vorsaft über meine Eichel. Gänsehaut überzog meine Arme, und ich meinte, die Härchen darauf knistern zu hören.

Ein gedämpftes »Ah!« drang durch die Tür, und ich beobachtete, wie der Lockenkopf plötzlich auf das Gesicht des Schwanzlutschers spritzte. Der fing gierig ein paar Tropfen mit der Zunge auf und schien ganz zufrieden mit dem Ergebnis seiner Bemühungen. Auch ich hätte in meinen Blaumann spritzen können, beschloss aber, mir einen Spaß zu erlauben.

Rasch zog ich die Hand aus meiner Arbeitskluft, öffnete schwungvoll die Tür und blickte in zwei schockstarre Gesichter.

»Na Jungs, was sucht ihr denn hier?«, fragte ich, als

wäre ich eben erst vorbeigekommen und die Situation nicht selbsterklärend.

Dem Kurzgeschorenen stand der Mund offen. Sperma tropfte ihm vom Kinn.

Der Lockenkopf ergriff zuerst das Wort, oder vielmehr stammelte er irgendwas Unverständliches, während er seine noch zuckende Latte in der Hose zu verstauen versuchte.

Ich genoss den Anblick und meine überlegene Position. Was sie wohl fürchteten, was ich tun würde? Schief lächelnd schraubte ich meine Apfelschorle auf und nahm einen Schluck, ohne die beiden aus den Augen zu lassen. Der Bläser wischte sich mit dem Hemdärmel die Spuren der versauten Spielerei aus dem Gesicht.

»Wenn das vielleicht unter uns bleiben könnte …«, fand endlich der mit den Locken seine Sprache wieder.

»Schwierig«, sagte ich und genoss die Unsicherheit in ihren Augen. Dem Bläser schien die Situation wesentlich unangenehmer zu sein, er zischte irgendwas von »Ich hab dir gesagt, das ist 'ne Scheißidee!« und wäre wohl gerne abgedampft. Nur stand ich breitbeinig im Weg.

»In der Abstellkammer habt ihr eigentlich nichts zu suchen«, fuhr ich endlich fort. Die beiden sahen sich kurz an, dann erklärte der Spritzer: »Die Tür war offen! Wir haben nichts gemacht.«

»Ui, dann hab ich wohl vergessen abzuschließen«, sagte ich und verzog den Mund. Es macht mir ein bisschen zu viel Spaß, die beiden zu ärgern, aber ich wollte es nicht übertreiben. »Na ja, dann lassen wir das am besten wohl so stehen. Werde ich in Zukunft drauf achten, dass sich keiner hier reinschleicht.«

Bevor ich den Weg freimachte, sagte ich noch etwas leiser: »Zumindest bin ich wohl nicht der Einzige hier, der auf hübsche Jungs steht«, und schob meine Hüften nach vorn. Mein Schwanz bohrte sich unübersehbar in den Stoff des Blaumanns. Nicht uninteressiert hafteten die Blicke der beiden Bengel daran. Ich glaube, erst in diesem Moment hatten sie verstanden, dass ich sie nur aufzog.

Ich trat einen Schritt zur Seite. Die Jungs schlichen an mir vorbei auf den spärlich beleuchteten Gang, während ich meinen Schlüsselbund vorkramte. Mir entging nicht, wie sie noch einmal auf meine Schwanzbeule starrten. Als ich zuschloss, zogen sie flüsternd ab.

Auf dem Bett wälzte ich mich hin und her. Mein Ständer stand wie eine Eins, aber ich hatte keinen Bock zu wichsen. Gebracht hätte es eh nichts, höchstens zehn Minuten Ruhe, bevor sich mein Teil wieder gemeldet hätte. Einmal damit angefangen, hätte ich wahrscheinlich die halbe Nacht lang an mir selbst rumgespielt, ohne wirkliche Befriedigung zu finden.

Ich zog mein Telefon aus der Tasche und wischte unmotiviert darauf herum. Viel Datenvolumen blieb mir für den Rest des Monats nicht mehr. Pornos auf dem Smartphone anzuschauen, war also auch keine Option.

Die Bengel aus der Abstellkammer gingen mir nicht aus dem Kopf. Vielleicht hätte ich sie einfach fragen sollen, ob ich nicht mitmachen dürfte. Aber wer weiß, welchen Strick sie mir daraus gedreht hätten. Nein, das wäre zu riskant gewesen. Ich beneidete sie in diesem Moment trotzdem sehr.

Irgendwann öffnete ich eine Sex-App, die anzeigt, welche Männer in welcher Entfernung gerade online und geil sind. Natürlich hatte ich in den ersten Tagen schon geprüft, ob sich nicht doch ein williger Schwanzlutscher in der Schülerschaft befand, der mir mit meinem Hormonüberschuss hätte helfen können. Aber Fehlanzeige. Wenn ich die App öffnete war das also mehr ein digitaler Schaufensterbummel, bei dem ich mir heiße Typen ansehen durfte, die zwar willig, aber viel zu weit weg waren.

Fünfundzwanzig Kilometer, achtundzwanzig Kilometer, fünfzig, dreiundachtzig ... Ich aktualisierte die Anzeige mehrfach und wollte die App schon wieder schließen.

Und dann, ganz unverhofft: DolceVita19, knapp drei Kilometer entfernt.

Ich blinzelte ein paarmal und tippte das Profilbild an. Die braun gebrannte Brust mit den verführerischen kleinen Brustwarzen tauchte nun in größerem Format vor mir auf. Der Kopf war knapp über dem Kinn abgeschnitten. Mit einer Hand hielt sich der Kerl ein Handtuch vor den Schritt. Mir wurde ganz heiß, und ich wünschte mir, den Kerl von oben bis unten ablecken zu können.

Ich rief das nächste Bild auf: In einer engen hellblauen Unterhose zeichnete sich zwischen den leicht behaarten gespreizten Schenkeln ein unerwartet mächtiger Schwanz ab. Ich griff mir in den Schritt und zerrte vor Erregung an meiner Latte, bewegte das Becken ein wenig nach oben, drückte es in die Matratze und wurde ganz unruhig.

Das dritte Foto zeigte in schummriger Beleuchtung einen knackigen Hintern, unter dem dicke Eier baumelten. Mehr gab es nicht zu sehen, also rief ich die Profilansicht auf. »Wer stopft mein enges Loch? Aktive Ficker bevorzugt«, stand in der Selbstbeschreibung.

Pling.

Der Typ hatte gesehen, dass ich sein Profil besucht hatte, und mir eine Nachricht geschickt. Ich tippte auf das rote Briefsymbol.

»Hey, wie geht's? Lust auf einen engen Arsch, der einiges abkann?«

Ich richtete mich auf und antwortete: »Oh ja. Du hast ja keine Ahnung …« In meinem Übereifer schickte ich noch hinterher: »Wo soll ich hinkommen?«

Gelesen.

Ein oder zwei Minuten vergingen ohne eine Antwort. Enttäuschung machte sich in mir breit. Vielleicht war ich an einen von den Typen geraten, die immer nur daherreden und jedes Mal einen Rückzieher machen, wenn es ernst wird.

Als ich das Handy beiseitelegen wollte, kam aber doch eine Antwort.

»Bist ja scheinbar gut in Form. Hast du mehr Bilder? Muss ja wissen, ob's sich lohnt …«

In meinem Profil hatte ich ein einziges Foto eingestellt, das zugegebenermaßen nicht besonders gut gelungen war. Es zeigte mich oben ohne an irgendeinem See, mit abgeschnittenem Kopf, wie es eben alle machten. Ich hatte einfach wenig Spaß daran, Nacktfotos von mir selbst zu schießen, und wusste nie recht, wie ich das überhaupt hätte anstellen sollen, damit das Ergebnis nicht voll billig aussah.

»Ja sorry, hab sonst keine. Kann dir aber versprechen, dass es sich lohnt«, schrieb ich zurück. Die Chancen standen gut, dass ich an einen Pic-Sammler geraten war. Ich zeigte mich ja eigentlich gerne – nur eben real, wo ich am Ende auch was davon hatte.

»Beweise! ;)«, kam prompt zurück und dazu noch ein Foto von dem knackigen Hinterteil.

Ich seufzte, das war mir irgendwie zu kompliziert. Meinem Schwanz war das aber egal, er pochte und zuckte fröhlich vor sich hin.

»Okay, was willste sehen?«

Ich zog den Reißverschluss meines Blaumanns auf, unter dem ich nichts anhatte. Das Ding war an sich schon viel zu warm für den Hochsommer. Noch einmal rief ich das Profil des Kerls auf. Sah die Fotos durch. An dem Oben-ohne-Bild blieb ich hängen. Meine Augen glitten vom Kinn hinab bis zu dem Handtuch vor seinem Schritt und wieder hinauf. Da war so ein unbestimmtes Gefühl, den Burschen wiederzuerkennen, auch wenn das wirklich kaum möglich war anhand eines halben Kinns und eines Oberkörpers.

Pling.

»Was wohl? :)) Komm schon, bin richtig geil!«

Na gut. Mangels Motivation griff ich mit links meinen

Schwanz und bog ihn nach oben, bis er fast senkrecht von meinem Körper abstand. Das Handy platzierte ich auf meiner Brust, wartete, bis der Fokus sich eingestellt hatte, und drückte den Auslöser. Das Licht war nicht vorteilhaft, meine Haut sah ungesund blass aus, aber zumindest wirkte meine Latte in der Perspektive richtig beeindruckend, wie sie sich zwischen meinen nachlässig getrimmten Schamhaaren erhob.

Kommentarlos schickte ich das Bild ab und wartete auf eine Reaktion. Die nach drei Sekunden kam.

»Heilige Scheiße!!«

Er schickte mir Koordinaten, die wohl unseren Treffpunkt angeben sollten. Auf der Karte lag der Ort mitten auf dem Feld neben einer Straße. Ich wollte erst nachfragen, ob das ein Scherz sein sollte, schrieb aber stattdessen nur: »Brauche 'n Moment, bis gleich«, und dann ging ich hinaus, sprang aufs Fahrrad und radelte einfach los. Vielleicht lag ja ein richtiges Abenteuer vor mir.

Und an diesem Abend nahm mein Leben auf dem Elitecampus eine Hundertachtzig-Grad-Wendung.

Kapitel 4: Blind Date

Immer wieder musste ich auf dem Weg zu meinem Mystery-Date anhalten und auf dem Handy nach dem Weg schauen. Ich fuhr über Landstraßen und Feldwege und fragte mich zusehends, was der Kerl sich bei der Ortswahl gedacht hatte. Die Aussicht auf eine nächtliche Nummer trieb mich trotzdem voran.

Statt der Hitze des Tages umwehte mich beim Radeln eine angenehm milde Nacht. Auf einer längeren Geraden nahm ich die Hände vom Lenker und streckte die Arme zu beiden Seiten aus. Ich fühlte der Luft nach, die unter meinen Handflächen hindurchglitt und spürte eine freudige Erregung in mir aufsteigen. Egal wie der Abend verlaufen würde, das hier war spannender, als schon wieder allein in meinem Zimmer zu hocken. Aus dem verstockten Eliteinternat rauszukommen war allein schon eine Wohltat.

Von der Sonne war nichts mehr zu sehen. Nur wenige vereinzelt stehende Laternen erhellten die Straßen, die ich entlangfuhr. Hin und wieder holperte ich durch ein Schlagloch, das ich nicht hatte kommen sehen, schreckte kurz auf und musste dann kichern. Mein Schwanz schwang halb steif in meinem Blaumann umher, schlug schwer gegen meine Schenkel. Die Haare auf meinen Armen und Beinen stellten sich auf und jagten mir kribbelnde Schauer über den Körper.

An einer Kreuzung hielt ich und sah noch einmal aufs Handy. Vielleicht hundert Meter rechts die Straße runter sollte unser Treffpunkt liegen. Ich kniff die Augen zusammen. Schwach beleuchtet konnte ich einen asphaltierten Platz erkennen, aber nicht, ob dort jemand auf mich wartete. Eilig trat ich in die Pedale und raste das letzte Stück hinunter. Unter Quietschen kam mein Rad zum Stehen.

Ich stand auf einem verlassenen Parkplatz mitten im Nichts, den zwei schwache Laternen in kaltes Licht tauchten. Hier und da war der Asphalt aufgerissen, und dicke Grasbüschel hatten sich herausgekämpft. Für einen kurzen Augenblick glaubte ich, allein zu sein, bis ich links von mir einen fetten SUV entdeckte. Die schwarze Karosserie verschmolz nahezu mit der Nacht um mich herum.

Mein Gesicht verzog sich zu einem breiten Grinsen. Ich fühlte mich wie der Held aus diesem schwulen Erotikroman, den ich vor einer Weile gelesen hatte – die Geschichte spielte Anfang der Neunziger, und die Hauptfigur war dauernd auf abgelegenen Parkplätzen unterwegs, um dort Sex mit Wildfremden zu haben. Laut diesem Buch war das wohl lange Zeit völlig normal, und zwar ohne vorherige Verabredung über Apps und Co – man wartete einfach, bis ein williger Stecher vorbeikam. Ob das heute noch funktionierte, wusste ich nicht.

Als nichts passierte und ich mich langsam fragte, ob ich mich verfahren hatte, öffnete sich die Fahrertür. Eine schlanke Gestalt stieg aus, gut einen Kopf kleiner als ich. Das Gesicht konnte ich nicht erkennen.

»Hey, reichlich ungewöhnlicher Treffpunkt«, sagte ich, die Hand als Begrüßung gehoben, und ging ein paar Schritte auf den Kerl zu. Er trat aus dem Schatten seines Autos, und kurz stockte mir der Atem. Ich schüttelte den Kopf und sah noch einmal hin, dann musste ich schallend loslachen.

»Nee, oder?!«, rief ich und sah in sein Gesicht, das erst jetzt anzeigte, dass auch er mich erkannte.

»Dass wir uns ausgerechnet hier treffen, hätte ich ja nicht gedacht.«

Ich machte noch einen Schritt auf ihn zu.

Der Bursche schien zu überlegen, was er antworten sollte, vielleicht lief er auch rot an, das konnte ich im Dämmerlicht nicht erkennen.

»Wow, das … ja, damit hab ich jetzt nicht direkt gerechnet«, stotterte er herum.

Vor mir stand der kleine und verdammt niedliche Kerl, der sich immer mit Valentin und seinen zwei anderen Kumpels rumtrieb. Es gefiel mir natürlich, ihn so verschämt zu sehen, es war, als hätten wir die Rollen getauscht.

»Vielleicht vergessen wir das hier lieber«, sagte er und wich einen halben Schritt zurück. Das passte mir aber natürlich überhaupt nicht. Ich war extra den ganzen Weg durch die Dunkelheit mit dem Rad gekommen, ich wollte ein Abenteuer erleben, und mein Schwanz stand schon wie eine Eins.

»Wo ist das Problem? Du bist geil, ich bin geil, wir sind beide hier. Wie wäre es, wenn wir jetzt erst mal ficken?«, sagte ich, stellte mich breitbeiniger hin und fummelte mir im Schritt rum.

Er schien noch einen Moment zu überlegen, dann kam er mit einem »Hast recht, scheiß drauf« auf mich zu und sprang ohne Vorwarnung an mir hoch. Seine Schenkel schlangen sich fest um meine Körpermitte. Kurz geriet ich ins Wanken und brauchte mehrere Tänzelschritte, bis ich sicher zum Stehen kam, die Hände sicher an seinem – verflucht knackigen – Arsch. Er legte die Arme um meinen Nacken und näherte sich meinem Gesicht.

Unsere Gesichter berührten sich fast, und ich spürte seinen heißen Atem. Er roch gut, wahrscheinlich hatte er sich mit irgendeinem Designerparfüm eingedieselt. Als er seinen Mund auf meinen presste, war ich baff, wie weich seine Lippen waren. Seine Zunge drang in mich ein und umspielte meine. Mir zuckte der Schwanz im Blaumann. Meine Finger griffen noch fester in das stramme Fleisch seines Hinterns.

Unser Kuss schien eine Ewigkeit zu dauern. Ich ließ mich ganz in das stürmische Gefühl fallen und genoss es, wie begierig seine Zunge immer wieder voranstieß. Dabei kraulte er mir den Nacken und griff mir in die Haare. Gänsehaut überzog meinen ganzen Körper. Ich presste seinen athletischen Körper gegen meinen pochenden Ständer. Er spürte, was ich wollte, und stöhnte auf.

»Du kratzt«, sagte er, als sich unsere Lippen voneinander gelöst hatten.

»Sorry, ich hasse rasieren«, antwortete ich. Obwohl es mir nicht wirklich leidtat. Ich fand dieses Rumgeschabe im Gesicht, am Sack oder sonst irgendeiner Körperstelle extrem nervig und ließ einfach so lange wachsen, bis ich es selbst nicht mehr ertrug.

»Wie heißt du eigentlich?«, fragte ich und sah ihm in die Augen.

»Andrea. Und du bist Dustin, richtig?«

Ich sah ihm in die Augen und zog die Brauen hoch.

»Andreas?«

»Nein, Andrea. Ohne s.«

»Aber du bist doch 'n Kerl. Oder?« Die Frage war ernst gemeint, ich war ehrlich verwirrt. Er dachte wohl, ich wollte ihn verarschen, und rollte genervt mit den Augen. Weil ich ihn nur stumm ansah, auf die Antwort wartend, begriff er, dass das kein blöder Scherz sein sollte.

»Ich bin Italiener«, erklärte er, »und in Italien gibt es Andrea auch mit Schwanz. Das ist ein normaler männlicher Vorname.«

»Ah, verstehe. *Dolce vita*, na klar … Also Andrea«, fasste ich meine Erkenntnisse zusammen.

»Genau. Wie Andrea Bocelli.«

»Äh … wer?«

»Herrgott, ficken wir jetzt, oder muss ich dir vorher Nachhilfe in Allgemeinbildung geben, Prollbohne?!«, sagte der Bengel spitz.

Seine bockige Reaktion reizte mich, und ich bekam

noch mehr Lust, ihn durchzunehmen. Mit stampfenden Schritten lief ich auf den schwarzen SUV zu. Andrea hing immer noch an mir und befummelte meinen ausrasierten Haaransatz im Nacken, dass mir Schauer über den Rücken jagten.

»Was jetzt?«, fragte er, als wir vor seiner Karre standen.

»Ruhe«, sagte ich bestimmt. Ich leckte ihm über den Hals und biss sanft in sein Ohrläppchen, spielte mit der Zunge daran herum. Das heizte ihn ordentlich an, denn ich spürte, dass sein Schwanz nun richtig hart wurde und gegen meinen Bauch drängte.

Mit einer Hand fummelte ich an der Hecktür des Wagens herum, bis ich den Knopf gefunden hatte, der den Kofferraum öffnete. Zischend flog die Klappe auf. Der Kofferraum hatte enorme Ausmaße, ganz so, wie ich gehofft hatte. Ich schob Andrea auf die Ladefläche. Er wehrte sich spielerisch, aber ich drückte ihn entschlossen nieder. Dann riss ich seine Hose auf, zerrte sie ihm vom Leib und die Schuhe gleich mit. Weil er zwar willig, aber doch ein bisschen verhalten war, schob ich seine Oberschenkel mit einem Ruck auseinander, schob mich dazwischen und riss auch sein Hemd auf.

»Hey, etwas vorsichtiger …«

»Meine Fresse, kaufste dir halt 'n neues«, fuhr ich ihn an und kniff in seine harten Brustwarzen. Ich war so geil, dass es kein Halten mehr gab. Es machte mich irrsinnig an, diesen heißen Bengel unter mir zu spüren, der mir schon seit dem ersten Tag so gut gefiel. Er stöhnte laut auf. Sein Rücken wölbte sich wie aus Reflex durch, und ich beobachtete seinen athletischen Körper im Zwielicht.

Meine Hände waren bald überall, an seinen Armen, seinem Bauch, den Beinen. Er fühlte sich so verdammt gut an und roch ein bisschen nach Sommer am Mittelmeer. Den letzten Teil bildete ich mir wahrscheinlich nur ein, aber was soll's.

Nachdem ich seinen Körper ausgiebig erkundet hatte, wendete ich mich seiner Latte zu. Ich packte den harten Kolben und wichste ihn mit festem Griff ein paarmal. Das Teil hatte erstaunliche Ausmaße, in echt noch viel beeindruckender als auf dem Foto, das ich vorhin gesehen hatte. Es wirkte fast so, als hätte man einen Schwanz, der für einen größeren Mann bestimmt gewesen war, an diesem eher kleinen, drahtigen Kerl angebracht. Mir gefiel dieser überraschende Kontrast.

Andreas Blick suchte meinen. Auch wenn ich sein Gesicht im Halbdunkel nicht genau erkannte, spürte ich seine Lust, die sich ganz auf mich fixierte. Sein Atem ging hörbar in der Stille um uns herum.

Langsam ließ ich mich auf die Knie sinken. Senkte den Kopf in seinen Schritt. Begann, seinen straffen Sack zu lecken, während ich ihn an seinem Ständer vorbei weiter fixierte. Mit dem Zeigefinger rieb ich ihm über die pralle Eichel, was ihm keuchende Laute entlockte. Stück für Stück arbeitete ich mich wieder nach oben, leckte einmal seinen heißen Schaft entlang bis zur Spitze.

»Mein Großer scheint dir ja zu gefallen«, hörte ich

Andrea sagen. Ich meinte, ein Grinsen zu erkennen und lächelte verschwörerisch zurück.

»Hm, joa, ist ganz nett«, sagte ich möglichst unbeeindruckt. »Dann warte mal, was ich noch für dich hab.«

Damit richtete ich mich auf und zog den Reißverschluss meines Blaumanns herunter. Mein Ständer wippte schwer heraus, die Kuppe schon feucht vor Lusttropfen. Ich zog die Vorhaut zurück und spuckte mir in die Hand, verteilte das Zeug auf meiner Latte und wichste genüsslich. Da ich fast direkt unter der Laterne stand, wusste ich, dass Andrea erkennen konnte, was ihn erwartete. Er gab ein Geräusch von sich, eine Mischung aus »Grrr!« und »Mhmm!«, um anzuzeigen, dass ihm die Aussicht gefiel.

Plötzlich robbte der Bengel ein Stückchen vor und auf meine Latte zu, sodass sein Arsch ein wenig über die Kante hing. Ich trat wieder zwischen seine Beine und drückte meinen Prügel auf seinen – mein Teil war ein bisschen länger und auch ein klein bisschen dicker, aber nicht viel.

»Dann wollen wir mal sehen, wie viel dein Arsch wirklich aushält.«

»Gib ihn mir«, sagte Andrea. Er atmete schwer ein und aus, rasend vor Ungeduld strampelte er mit den Beinen.

»Na, na, na«, wies ich ihn zurecht, »und später jammern, dass er zu groß ist. Das erfordert Vorbereitung.«

Damit tauchte ich ab, griff in seine strammen Backen und erkundete sein lockendes Fickloch. Zuerst rieb ich mit einem Finger um den zuckenden Eingang. Dann packte ich mit den Händen seine Kniekehlen und drückte seine Schenkel zurück, sodass sein Fickloch frei zugänglich vor mir lag. Ich drängte mein Gesicht in die heiße Spalte und erkundete sein Hinterteil mit der Zunge.

»Au, ah, aaaaah«, hörte ich über mir, »du kratzt mit deinen Stoppeln!«

Ich ignorierte sein Gejammer und stieß mit der Zunge gegen seine Rosette. Sein Meckern wich nach kurzer Zeit leisem Keuchen. Der Bengel war ziemlich verkrampft, also leckte ich ihn noch eine Weile länger, bis er sich etwas entspannt hatte.

Seine Beine mit meinem rechten Unterarm fixierend schob ich schließlich meinen Zeigefinger in seinen heißen Kanal. Ich hatte ihn beim Rimmen schon gut geschmiert, aber… Scheiße, war der Bengel eng! Schon jetzt brüllte er vor Lust, schlug sich aber hörbar die Hand vor den Mund, als er bemerkte, wie laut er war. Mir trieb seine triebhafte Reaktion ein breites, geiles Grinsen ins Gesicht.

Energisch, aber doch vorsichtig schob ich meinen Finger tiefer in ihn. Sein Arsch zitterte und krampfte ein bisschen. Er machte auf einmal Anstalten, wild loszuzappeln, aber mein Griff war eisern und er mir ausgeliefert. Andrea warf den Kopf wild hin und her, als ich einen zweiten, einen dritten Finger dazunahm und ihn ausgiebig aufbohrte. Sobald er sich an den sanften Fingerfick gewöhnt hatte, begann ich, meine Hand in einem Irrsinnstempo vor- und zurückzustoßen. Ein kurzes Japsen, eine kurze Anspannung, dann ließ er sich ganz fallen. Er schien bereit zu sein.

Nach einem heftigen Klatschen auf seine Arschbacken stand ich auf, öffnete ihn mit einem Griff in seine Kniekehlen und positionierte mich vor seinem Hintern. Meine Eichel zuckte gegen sein Loch, begierig darauf, endlich in ihn zu fahren.

»Uff, ich bin wohl aus dem Training«, hechelte Andrea. »Vielleicht passt er wirklich nicht …«

»Red nich, schaffste schon«, sagte ich lachend, rammte meine Hüften gegen ihn und steckte schon bis zum Anschlag drin. Ein erstickter Laut drang aus Andreas Kehle. Ich keuchte angesichts der feuchten Hitze, die meinen Schwanz umfing. Der Kerl kochte regelrecht vor Erregung. Einen Augenblick verharrte ich und spürte dem lang ersehnten Gefühl nach, bewegte mein Becken etwas nach links, nach rechts, worauf sich Andreas Körper wellenartig um meinen Kolben anspannte.

Schauer rasten über meinen Rücken. Ich griff fest in Andreas Fleisch, spürte, wie seine Hände meine suchten und sich ebenfalls in seine Kniekehlen legten. Er zog noch fester an, um mir seinen Arsch im perfekten Winkel anzubieten.

Ich setzte mich in Bewegung und begann, den Bengel mit kurzen, festen Stößen durchzunehmen. Es war der absolute Wahnsinn, zumal nach einigen Wochen, in denen ich allein auf Handbetrieb angewiesen gewesen war. Meine Hände lösten sich von ihm, ich streckte die Arme aus, spürte die laue Nachtluft auf meiner Haut und schloss die Augen. Wie befreit stand ich da, lehnte den Oberkörper ein wenig zurück. Ein tiefes, fast grunzendes Seufzen entfuhr mir. Nur mein Becken bewegte sich rhythmisch gegen den scharfen Kerl, der so willig unter mir lag und jeden meiner Stöße mit atemlosem Keuchen empfing.

Irgendwann strahlte mir von links grelles Licht ins Gesicht. Ich drehte den Kopf hin, ohne meine Fickbewegungen zu unterbrechen. Nur verkniffen konnte ich die Augen öffnen, die sich an die völlige Dunkelheit gewöhnt hatten. Ein dumpfer Beat drang an meine Ohren.

Als ich endlich etwas erkannte, sah ich, wie ein Auto auf uns zukam, das mich wohl aus der Kurve angeleuchtet hatte. Je näher es kam, desto langsamer wurde es. Trotzdem sah ich keinen Anlass, unsere heimliche Nummer zu unterbrechen.

»Scheiße, da kommt wer«, flüsterte Andrea. »Sollten wir nicht …«

Ich spießte ihn energisch auf, damit er die Klappe hielt. Was hervorragend funktionierte.

»Passt schon«, sagte ich. Mein Schwanz begann zu zucken und zu pumpen. Diese unerwartete Unterbrechung törnte mich ziemlich an. Vielleicht sollte ich es öfter outdoor treiben?

Der Wagen war auf unserer Höhe, als ein Fenster runtergelassen wurde.

»Ey! Die ficken!«, brüllte der hörbar angesoffene Typ am Steuer. »Leute, die ficken!«

Zur Antwort drehte ich den Oberkörper ein wenig in Richtung des Autos, während ich Andrea wieder durchnagelte, legte die Hände in den Nacken und streckte wie ein selbstgefälliger Pornostar die Zunge raus.

Lautes Grölen drang aus der Karre und vermengte sich mit dem hämmernden Takt eines Techno-Tracks. Da hatte uns wohl eine partywütige Meute aus einem der umliegenden Dörfer erwischt. Andrea wimmerte unter mir, wahrscheinlich in einer Mischung aus Erregung, Scham und Angst, erwischt zu werden.

Plötzlich wurde sein Loch fast schmerzhaft eng um meine Latte, ich zuckte zusammen. Ein kurzer Blick nach unten bewies mir: Der Kerl spritzte gerade ab, ohne dass ich oder er selbst seinen Schwanz überhaupt berührt hätte – und wie. Sein Höhepunkt schien gar nicht enden zu wollen, und er saute sich mächtig mit seinem eigenen Saft ein. Was für ein geiles Gefühl, den hübschen Andrea allein mit meinen Fickbewegungen zum Spritzen zu bringen …

Solange er sich anspannte, konnte ich nicht allzu fest zustoßen. Nur ganz behutsam konnte ich meinen Schwanz zurückziehen und mit etwas Geschickt erneut in ihn bohren. Die lauten Stimmen aus dem Auto begleiteten Andreas Orgasmus.

»Und is gut?!«, brüllte der Fahrer in meine Richtung.

Ich drehte den Kopf wieder ihm zu, grinste und zeigte ihm mit der linken Hand meinen nach oben gerichteten Daumen, weil er mein zufriedenes Gesicht vermutlich nicht erkennen konnte.

»Geil, weitermachen!« Damit fuhr das Auto an, der Fahrer hupte dreimal und bretterte davon.

»Das war knapp …«, murmelte Andrea.

»Keine Panik, die haben dich ja nicht gesehen. Und an

deinem Knackarsch werden sie dich wohl kaum wiedererkennen«, beruhigte ich ihn, »und außerdem scheint es dir ja gefallen zu haben.«

Mit dem Zeigefinger nahm ich etwas Sperma von seinem Bauch auf und leckte es genüsslich ab. In den Eiern spürte ich ein heftiges Ziehen, dieses Zwischenspiel hatte auch mich fast zum Höhepunkt gebracht. Schnell zog ich mich aus Andrea zurück und baute mich über ihm auf.

Nach wenigen Handgriffen überrollte mich die Lust, und das zerrende Gefühl in meinem Unterleib wurde unerträglich. Mein Arsch krampfte sich unwillkürlich zusammen, und mit lautem Aufatmen verschoss ich meine Ladung auf Andreas erhitzten Körper, traf ihn ein paarmal im Gesicht.

Sobald meine Eier entleert waren, sackte ich zusammen und musste mich neben Andrea auf der Ladefläche des SUV abstützen. Unser beider Atem war das Einzige, was ich in diesem Augenblick hören konnte. In meinem Kopf drehte sich alles.

Wie auf Autopilot senkte ich mich zu Andreas Körper hinab und begann, unser Sperma, das sich langsam vermischte, aufzulecken. Stück für Stück arbeitete ich mich zu seinem Hals vor. Ich schluckte hin und wieder schwer und hing dem eigenartigen, hormonerfüllten Geschmack auf meiner Zunge nach. Mein triefender Prügel zuckte ein wenig, und ich konnte fühlen, wie noch ein paar dicke Tropfen von meinem Saft herausquollen.

Zuletzt leckte ich Andrea das Gesicht sauber. Dann zog ich ihn energisch, aber behutsam aus dem Kofferraum hervor und richtete seinen sehnigen Körper vor mir auf. Weil ich deutlich größer war, musste ich den Kopf ein wenig senken. So standen wir Auge in Auge, seine verschwitzte, spermanasse Haut an meiner.

Ganz sachte schob ich meinen Daumen zwischen seine Lippen und öffnete ihm den Mund. Er ließ es geschehen. Ich senkte den Kopf noch etwas weiter. Und ließ das Sperma, das ich noch im Mund hatte, in seinen fließen. Bebend ließ er es geschehen. Und schließlich küsste ich ihn tief, unsere Zungen umkreisten einander, und ich nahm ihn ganz in Besitz. Dabei hielt ich ihn fest im Arm und spürte seinen donnernden Herzschlag.

Nach einer Weile lösten wir uns voneinander. Andrea betrachtete mich mit einem fast dümmlichen, mehr als zufriedenen Gesichtsausdruck.

»Wow, das war … Also das war einfach …«, setzte er an.

Doch ich grinste nur und ging vor ihm auf die Knie, bis sein glänzender schlaffer Schwanz vor meinen Augen hing. Zärtlich leckte ich darüber, wog die Eier mit der Zunge, bevor ich an dem Ding zu saugen begann.

»Nein, lass, er ist zu empfindlich«, protestierte Andrea. Sein ganzer Körper schien noch völlig überreizt zu sein von seinem Orgasmus. Trotzdem hatte ich bald den Mund voll mit seiner prallen Latte und Mühe, das Teil nur ansatzweise komplett zu schlucken.

Meine Finger krallten sich in seinen Arsch. Ich presste ihn näher an mich heran, bis sein Ständer ganz in mich eingedrungen war. Dann fuhr ich mit dem Kopf vor, zurück, vor, immer wieder, bis Andreas Abweisung endlich seinem geilen Stöhnen gewichen war.

Er wollte sich zurückziehen, als sein Schwanz zu pumpen begann, aber ich hinderte ihn daran, drückte seinen Schritt sogar noch fester in mein Gesicht und ließ ihn seine zweite Ladung tief in mich spritzen. Andrea krampfte sich um meinen Schädel zusammen, krallte sich in meine Schultern und atmete mir heiß in den Nacken. Kurz musste ich würgen, als er meinen Rachen flutete, aber ich unterdrückte den Reflex zurückzuweichen, bis ich den letzten Tropfen aus ihm herausgeholt hatte.

Erst dann ließ ich seinen noch drei Viertel harten Schwanz aus meinem Mund gleiten. Ich gab ihm einen schallenden Klaps auf den Arsch und stand auf.

»Jetzt sind wir fertig«, sagte ich lächelnd. Er sah mich nur atem- und sprachlos an.

Wieder angezogen, saßen wir in dem geräumigen SUV, Andrea auf dem Fahrerplatz, ich daneben. Wir schwiegen, und ich hatte das Gefühl, dass er noch sortieren musste, was er jetzt sagen wollte, also wartete ich geduldig und lächelte nur zufrieden.

»Das war, also, das war echt der Hammer«, erklärte er irgendwann und sah mir ernst in die Augen. Er zückte ein Portemonnaie und fing an, im Scheinfach herumzukramen.

»Was wird das?«, fragte ich misstrauisch.

Plötzlich hielt er mir einen Zweihunderter unter die Nase.

»Sag mal, ich bin doch keine Nutte«, entfuhr es mir. Wollte mich der Bengel beleidigen? Er machte keine Anstalten, das Geld wieder einzustecken.

»Sieh es einfach als Dankeschön«, sagte Andrea, »meine Eltern geben mir jedes Mal was, wenn wir uns sehen, aber wofür soll ich das denn in dieser Einöde ausgeben? Wenn du's nicht willst, auch in Ordnung. Aber vielleicht kannst du ja was damit anfangen. Außerdem wäre es ganz schön, wenn wir das Ganze für uns behalten könnten.«

Daher wehte also der Wind. Er wollte sich mein Schweigen erkaufen. Ich hatte den Impuls, seine Hand wegzuschlagen, fragte mich dann aber, wieso eigentlich nicht?

»Weißt du was, scheiß drauf. Spaß gehabt und dafür bezahlt werden? Vielleicht sollte ich doch über 'ne Karriere im Puff nachdenken.« Damit griff ich die Banknote und steckte sie in die Tasche meines Blaumanns. Am Ende war mir eh egal, was diese elitären Bengel über mich dachten, und ich konnte jeden zusätzlichen Euro gut gebrauchen.

Eine Weile herrschte Stille.

»Ich weiß nicht, ob mich schon mal jemand so gut gefickt hat«, sagte Andrea irgendwann und schielte zu mir rüber.

»Is die Prollbohne ja doch zu was zu gebrauchen«, sagte ich sarkastisch.

Er verzog das Gesicht zu einer Grimasse, so als würde er sich nur ungern daran erinnern, wie unser bisheriges Verhältnis ausgesehen hatte.

»Keine Sorge, von ein paar Schnöseln lasse ich mich schon nicht unterkriegen, vergiss es einfach«, sagte ich, um das unangenehme Thema wegzuwischen.

»Wenn du dich erinnerst: Ich war nicht derjenige, der dich mit fiesen Sprüchen von der Seite angemacht hat«, erklärte Andrea. Scheinbar wollte er das nun doch ausdiskutieren. »Das war in erster Linie Valentin. Und Hannes und Jannis haben natürlich mitgemacht.«

»Hannes und Jannis? Wer soll das sein? Das klingt wie die schwule Ab-achtzehn-Version von *Hanni und Nanni.*«

»Du weißt schon, die anderen beiden, die immer mit Valentin rumhängen. Hannes ist der mit den langen Haaren, das heiße Sportass. Und Jannis der mit den Vintage-Anzügen«, erklärte er mir. »Und ja, das stimmt«, fügte er kichernd hinzu.

»Verstehe. Du gehörst doch trotzdem zu der Bonzenclique, aber wie gesagt: Schwamm drüber«, versuchte ich erneut, das Thema zu beenden.

»Jein. Also ja, schon, aber eben auch nicht wirklich«, fuhr Andrea unbeirrt fort. »Weißt du, ich gehe zwar auch auf diese Eliteschule, aber meine Familie ist gar nicht so reich, wie es von außen aussieht. Meine Eltern haben sich ihre ganze Kohle erst mit der Zeit erarbeitet und mich hierhergeschickt, damit ich später noch mehr Geld mache als sie. Diesen Wagen hier haben sie mir gekauft, damit ich nicht hinter den anderen zurückstehe. Aber natürlich wissen alle, dass wir nicht zum richtigen Geldadel gehören, der in die Oberschicht hineingeboren wird.«

Ich sah ihn fragend an und wartete darauf, dass er weitererzählte.

»Jedenfalls: Die anderen Schüler wissen natürlich alle, dass wir nur Emporkömmlinge sind. Valentin und die andern haben mich zwar bei sich aufgenommen, aber sie lassen mich trotzdem spüren, dass ich so was wie ein Außenseiter bin.«

Mir kam dieser spontane Seelenstrip reichlich affig vor. Ich verzog den Mund und wollte schon einen hässlichen Kommentar abgeben, beschloss jedoch, nicht zu gemein zu dem Burschen zu sein. Scheinbar war es ihm wichtig, diese Dinge klarzustellen.

»Nimm's mir nich übel, aber da hab ich jetzt nur mittelmäßig viel Mitleid«, sagte ich tonlos.

»Schon klar, ich will auch gar kein Mitleid. Was ich eigentlich sagen möchte: Ein bisschen verstehe ich, in welcher Situation du bist. Und ich wollte dir sagen, dass ich die Attitüde der anderen nicht in Ordnung finde. Es ist nur … ich kann mich nicht offiziell auf deine Seite schlagen, ohne mir selbst das Leben schwer zu machen. Das ist vielleicht feige, aber vielleicht verstehst du mich auch?«

Er sah mich mit einem richtigen Hündchenblick an, und ich konnte ihm gar nicht böse sein. Warum auch, ich hatte so oder so nicht erwartet, dass mir irgendeiner von den Lackaffen beispringen würde.

»Alles gut. Ich sag doch, vergiss es einfach«, sagte ich und drückte ihm den Oberschenkel zur Bekräftigung.

»Du hast mir übrigens vom ersten Tag an gut gefallen.

Ich hätte nur nicht gedacht, dass ich eine Chance habe, weil …«, sagte Andrea und hatte plötzlich wieder so ein geiles Funkeln in den Augen.

»Weil du nicht gedacht hättest, dass ich auf Kerle stehe?«

Er nickte.

»Tja, du wirst keinen schwuleren Hausmeister finden«, sagte ich grinsend und langte mir an den Schwanz.

»Gut für mich«, sagte Andrea sichtlich zufrieden, »vielleicht können wir das ja mal wiederholen?«

Und wie wir konnten! Am liebsten hätte ich den niedlichen Bengel ab jetzt jeden Tag durchgenommen. Das sagte ich aber nicht, sondern beschloss, ihn aufzuziehen.

»Das kostet dann aber wieder, is klar.«

»Von mir aus. Wenn ich dafür deinen geilen Schwanz haben kann«, sagte Andrea ernster, als ich erwartet hatte.

Hatte ich mich gerade selbst zum Luxusstricher gemacht? Etwas irritiert dachte ich darüber nach. So schlecht war diese Aussicht eigentlich nicht.

»Abgemacht«, besiegelte ich den Deal. »Dann muss ich wenigstens nicht mehr so viel wichsen. Seit ich in dieser Bonzenschule angefangen hab, laufe ich nur noch mit Ständer durch die Gegend. Überall nur junge Kerle, Muskeln, Ärsche in engen Hosen. Das hält ja keiner aus.«

Andrea kicherte auf einmal, als hätte ich etwas sehr Witziges gesagt. Verständnislos sah ich ihn an, und er gluckste immer lauter vor sich hin.

»Du bist schon eher schwer von Begriff, oder?«, fragte

er. Weil ich nichts erwiderte, fuhr er fort: »Dir ist schon aufgefallen, wie notgeil die halbe Schülerschaft vom IMBE ist?«

»Na ja, ich hab zwei Typen vorhin in der Abstellkammer erwischt, aber sonst«, sagte ich und zuckte mit den Schultern.

»Okay, noch mal zum Mitschreiben: Ein ganzer Haufen meiner Mitschüler würde so einiges für einen ordentlichen Fick geben. Die sind aber alle zu blasiert, es miteinander zu treiben, keiner macht den ersten Schritt. Und übrigens, der eine oder andere hat dich schon ziemlich eindeutig gemustert. Die haben quasi nur drauf gewartet, dass mal ein richtiger Stecher auftaucht. Musst nur zugreifen.«

Offenbar war mir wirklich einiges entgangen.

»Du verarschst mich«, sagte ich, um mich zu versichern.

Andrea schüttelte den Kopf, und sein Blick sagte mir, dass er es ernst meinte. Während mein Hirn losratterte, wie ich die scharfen Kerle in der Schule rumkriegen könnte, schien Andrea von einem Geistesblitz getroffen zu werden. Er zappelte aufgeregt auf seinem Sitz hin und her.

»Pass auf, wir machen Folgendes: Ich mische mich unters Volk, horche ein paar von den Kerlen aus, die ich so kenne, und lass dich wissen, wer Bock hat. Dann machst du dich ran und legst sie flach.«

Die Idee war so bestechend wie einfach. So ganz überzeugt war ich allerdings noch nicht.

»Und was hast du davon?«, fragte ich misstrauisch.

Verschwörerisch lächelte Andrea mich an, dann sagte er: »Du lässt dich für deinen … ›Service‹ natürlich gut bezahlen. Du steckst einen weg und hast deinen Spaß, die Jungs blechen auch noch dafür, und ich habe die Genugtuung, dass ich sie geradewegs in die Falle gelockt habe und ihr pikantes Geheimnis kenne.«

Langsam überzeugte mich sein Einfall. Ich streckte ihm die Hand entgegen und wollte darauf einschlagen, doch jetzt zögerte er.

»Ach so, und vielleicht ficken wir dann einfach so ab und zu – ohne Bezahlung.« Er streckte mir wie ein frecher Bengel die Zunge raus, lächelte karieserregend süß, und wir schlugen ein, während mein Schwanz schon wieder gegen meinen Blaumann drängte.

Ich sah noch die roten Rücklichter von Andreas schwarz glänzendem SUV, der davonbrauste und mit der Nacht verschmolz. Er hatte zwar angeboten, mich mitzunehmen – selbst mein Fahrrad hätte bei zurückgeklappten Rücksitzen in die Karre gepasst –, aber ich hatte vorgeschlagen, getrennt zurückzukehren. Wenn unser Plan gelingen sollte, war es besser, wenn man uns nicht zu auffällig später Stunde zusammen sah.

Da war ich also, rauschte auf meinem Rad über nächtliche Landstraßen und war drauf und dran, ein deftiges Sexkomplott an der Eliteschule für schwerreiche Söhne zu starten. Bis Andrea mir den ersten Kerl vermittelte, dauerte es eine Weile, aber das Warten sollte sich lohnen.

Kapitel 5: Ein heißer Fang

Seit dem Spontandate mit Andrea plagte mich mein Ständer noch regelmäßiger als vorher. Ich hatte eigentlich gehofft, dass mir das nächtliche Abenteuer für ein paar Tage Entspannung verschaffen würde. Stattdessen hatte ich eine Dauererektion und Mühe, mich auf die Arbeit zu konzentrieren.

Dummerweise hatten direkt nach unserer Parkplatznummer auch noch die Sommerferien angefangen, weshalb es keine Gelegenheit gab, einen der untervögelten Schüler zu knacken. In den ersten zwei Wochen waren tagsüber noch Alberts und zwei oder drei Lehrer auf dem Gelände, die irgendwas für die Kurse nach den Ferien vorbereiteten. Danach war ich ganz allein auf dem riesigen Campus und hatte das Gefühl, in ein Zeitloch aus Sonne, Insektensurren und ekelhaft warmem Wind zu fallen.

Ich beschäftigte mich mit sinnlosen Arbeiten, um nicht durchzudrehen, und fuhr einmal zwanzig Kilometer mit dem Rad bis in den nächstgrößeren Ort, der mit zwei zugedrückten Augen immerhin als Kleinstadt gelten konnte.

Dort hatte es eine mager ausgestattete, verschnarchte Buchhandlung, die ich halb leer kaufte. Leider waren einige der Romane, die ich mitgenommen hatte, schon nach dreißig Seiten so öde, dass ich sie beiseitewarf. Ein paar waren aber ganz gut und halfen, diverse Stunden totzuschlagen. Schwule Bücher hatte ich natürlich keine bekommen, und danach fragen wollte ich die finster dreinblickende Buchhändlerin auch nicht.

Ich hätte durchaus auch nach Hause zu meinen Eltern fahren können, wie die Schüler. Aber die Aussicht erschien mir noch trostloser, also schickte ich meiner Mutter nur eine Nachricht, dass es noch so viel zu tun gäbe, ich würde es leider nicht schaffen, Grüße auch an Papa und so weiter und so fort.

Ich war froh, also fast zumindest, als Alberts kurz vor Ende der Ferien zurückkam und mich beauftragte – oder eher: mir befahl –, das Schwimmbecken für irgendein bevorstehendes Turnier vorzubereiten: Blätter und ertrunkene Insekten abschöpfen, den Filter der Pumpe wechseln, die gekachelte Fläche um den Beckenrand schrubben, die Bahnen kleinteiliger abtrennen, denn momentan war das riesige Becken nur in drei sehr breite Bereiche unterteilt, woraus sechs Sportschwimmbahnen werden sollten. Dieser Schwimmwettbewerb wurde wohl jedes Jahr am ersten Schultag im Spätsommer abgehalten, um das Wintersemester einzuläuten. Nicht dass diese Plackerei spaßig gewesen wäre, aber zumindest hatte ich wieder ein Ziel vor Augen, das mich von der ständigen Geilheit ablenkte, die mich immer noch plagte. Und wenn nichts half, konnte ich mich ein bisschen selbst befummeln.

Aus irgendwelchen Gründen waren auch Valentin und seine Bande früher aus den Ferien zurückgekehrt – sie kamen mit Vorliebe an den Pool, um zu schwimmen, während ich noch mit der Arbeit beschäftigt war. Eine hervorragende Gelegenheit, mir beiläufig Sprüche an den Kopf zu werfen und mich zu »bemitleiden«, weil ich schuften musste, während sie frei hatten.

Ich bemühte mich, Andrea nicht zu offensichtlich anzustarren – was schwer war, denn jedes Mal blitzte die Erinnerung an unsere nächtliche Nummer heiß in mir auf. Er war sehr viel besser darin, sich nichts anmerken zu lassen, und hätte er mir nicht ein-, zweimal zugezwinkert, hätte ich fast geglaubt, dass alles nur ein Traum gewesen war.

Am Abend vor dem Wettbewerb kam irgendwann Alberts vorbei, um zu prüfen, ob ich auch alles ordentlich erledigt hatte. Schon als ich ihn von Weitem kommen sah, wäre ich am liebsten davongelaufen, aber ich musste mich zusammenreißen. Hinter ihm lief ein großer, breitschultriger Kerl, der aussah wie aus einer Armani-Werbung geflohen.

»Hat er alle Vorbereitungen für den morgigen Wettkampf abgeschlossen wie aufgetragen?«, fragte Alberts krächzend.

»Selbstverständlich, Euer Hochwohlgeboren«, erwiderte ich näselnd. Ich hockte noch am Beckenrand und befestigte gerade das letzte Trennband zwischen Bahn fünf und sechs.

Wie erwartet kommentierte der Truthahnhals meine Stichelei nicht weiter, sondern rümpfte nur die Nase und sah mich abschätzig an. Es gefiel mir, den eingebildeten Knacker hin und wieder zu ärgern, immerhin hielt er sich mir gegenüber auch nicht zurück, und offensichtlich hatte ich mit meinem Kommentar genau ins Schwarze getroffen.

Ich reckte den Kopf ein Stück, um den Kerl hinter Alberts genauer zu betrachten. Er war wirklich gut gebaut, sein Hemd spannte sich straff über seinen irrsinnig muskulösen Oberkörper. Seine Haare waren akkurat geschnitten und mit Pomade zur Seite gelegt. Der Kerl stand breitbeinig da und strahlte ein überbordendes Selbstbewusstsein aus. Wie alt er war, konnte ich beim besten Willen nicht schätzen, er wirkte seltsam aus der Zeit gefallen und hätte alles zwischen Anfang dreißig und Ende vierzig sein können. Obwohl er nicht unfreundlich schaute, konnte ich überhaupt nicht deuten, ob er gut gelaunt war oder mich im nächsten Moment zusammenschreien wollte.

»Wer ist das denn?«, fragte ich, jetzt wieder an Alberts gewandt, und stand auf. Ich klopfte mir etwas Staub aus meiner Arbeitskluft und hörte ein schnarrendes Räuspern.

»Dieser Herr«, Alberts' Stimme war eine halbe Oktave nach oben gerutscht und zerschnitt unangenehm schrill die Luft, »ist der verehrte Leiter unserer Einrichtung, Herr Dr. Kraft!«

»Passender Name«, murmelte ich und ließ den Blick wieder über den beeindruckenden Körper des Kraftpakets wandern.

Gerade als Alberts ansetzte, mir eine Standpauke zu

halten – »Muss ich Sie daran erinnern …« –, trat Kraft einen Schritt nach vorn und legte seinem Gehilfen eine Pranke auf die Schulter. Im direkten Vergleich wirkte Alberts noch mehr wie die Cartoonversion eines zu schnell gealterten Beamten. Zum Glück gab er Ruhe, sodass ich sein Zetern nicht weiter ertragen musste.

»Ich denke, den Rest können wir beide klären. Sie dürfen sich zurückziehen, Herr Dr. Alberts«, sagte der Direx, ohne seinen Untergebenen auch nur anzusehen.

Der funkelte mich böse an, zog dann aber Leine.

Ein paar Sekunden blickten Kraft und ich uns in die Augen. Wir waren in etwa gleich groß, nur war sein Kreuz gefühlt doppelt so breit wie meins. Plötzlich fühlte ich mich wie ein kleiner Schuljunge und hoffte darauf, dass der Kerl das unangenehme Schweigen bald beenden würde. Aus weiter Ferne wehten die Geräusche protziger SUVs und Sportwagen heran, die über den Schotterplatz vorm Haupteingang fuhren, um die letzten Rückkehrer ranzukarren.

»Sie sind also die Vertretung«, sagte er endlich. »Ich wollte Sie gern einmal persönlich kennenlernen.« Er streckte mir die Hand entgegen, die Augen weiterhin starr auf mich gerichtet. Es kam mir vor, als würde sich sein Blick direkt in meinen Schädel bohren, um meine Gedanken zu lesen. Mit flauem Gefühl im Magen griff ich nach seiner Hand und ärgerte mich, dass ich sie so schlaff schüttelte wie ein hundertzwanzigjähriger Opa.

»Schön, dass wir uns endlich einmal begegnen. Haben Sie sich denn gut am Institut eingelebt?«

Was sollte ich darauf antworten? ›Die Arbeit ist langweilig, mein Zimmer eine Zumutung, aber hey, immerhin konnte ich neulich mal wieder einen wegstecken.‹ Das hätte ich Alberts vielleicht geantwortet, aber bei Kraft wagte ich das nicht.

»Passt schon«, war alles, was mein Hirn spontan ausspucken wollte.

Er überblickte den Pool, ohne meine Hand loszulassen. Vermutlich entschied er gerade, ob er mit meiner Arbeit zufrieden war. Ich schluckte schwer und hörbar und kam mir lächerlich vor. Irgendwann sah Kraft mich wieder an, löste endlich seinen Händedruck und nickte. Offenbar gab es nichts zu mäkeln.

»Schön, dass wir einen so fähigen Ersatz für die Stelle des Facility Managers gefunden haben.«

Und das war alles. Ohne weiteren Kommentar, ohne Verabschiedung drehte sich der Herr Direktor um und stolzierte mit ausladenden Schritten davon. Was ich von dieser Begegnung halten sollte, wusste ich damals noch nicht, aber ich wünschte mir, Alberts wäre noch da gewesen, damit ich ihm die Zunge hätte rausstrecken können oder zuflüstern: ›Na, noch was auszusetzen?!‹

Ich sah Kraft einen Augenblick lang nach. Meine Augen blieben an seinem kräftigen, obszön definierten Hintern hängen. Mein Schwanz zuckte, und ich knetete mir die vollen Eier durch, um dem wohligen Ziehen in meiner Hüfte nachzuspüren. Der Kerl machte mich auf eine sonderbare Weise an. Alberts schien wirklich der einzig hässliche Vogel weit und breit zu sein.

Zurück in meinem Zimmer scrollte ich auf meinem Smartphone rum und fragte mich, wann wieder etwas Spannendes passieren würde. Es lag in der Luft, dass mir an diesem komischen Ort noch einiges bevorstand, auch wenn ich nicht hätte sagen können, woran ich das festmachte.

Nachdem ich halbherzig mein Sextoy gefickt und reingespritzt hatte, lag ich auf meinem Bett und schlief mit wirren Gedanken an Kraft, Valentin und Andrea ein. Die Bilder verschwammen im Halbschlaf, ich fickte den einen, steckte dann plötzlich im anderen, und irgendwann hatte ich einen kräftigen Finger des Direktors im Arsch. Hoffentlich hatte Andrea nicht zu viel versprochen, als er von seinen notgeilen Mitschülern gesprochen hatte – so langsam war ich bereit für neue Abenteuer.

An die Wand meines Poolhäuschens gelehnt, beobachtete ich die Menschentraube, die sich am nächsten Mittag um das Schwimmbecken versammelte. Ausnahmsweise musste ich mal nicht im Blaumann rumrennen, weil heute die Lehrer nicht arbeiten mussten und ich gnädigerweise ebenso frei bekommen hatte. Es war noch angenehm warm, und so war ich in bequeme Shorts und ein Tanktop geschlüpft.

Gierig haftete mein Blick an den strammen Ärschen der Schüler, die sich nach und nach versammelten und zu Grüppchen zusammenfanden. Einige zeigten sich heute sehr offenherzig in lockeren Freizeitklamotten. Scheinbar war selbst die Kleiderordnung an diesem besonderen

Tag ausgesetzt, und so hatte ich einiges mehr zu gucken als sonst.

Mir tropfte in regelmäßigen Abständen der Vorsaft aus meinem Halbsteifen, während ich stramme Waden, muskulöse Arme, ausdefinierte Nackenpartien betrachtete. Hin und wieder verlagerte ich mein Gewicht ein bisschen und genoss, wie mein Schwanz am Baumwollstoff meiner Hose entlangrieb.

Irgendwann kamen auch Alberts und dicht hinter ihm der Direx. Alberts war wie immer in seine Beamtenkluft gehüllt, doch Kraft trug einen gut geschnittenen Sportanzug, der seine Muskeln auffällig betonte und auf seltsame Weise ebenso schick wirkte wie der Anzug, in dem ich ihn das letzte Mal gesehen hatte. Vielleicht lag es an der Art, wie er das Teil trug, und weniger an den Klamotten selbst.

Es zuckte zwischen meinen Beinen, als ich den breitschultrigen Kerl erspähte. Ich fixierte schamlos seinen geilen Körper – bis er plötzlich in meine Richtung guckte. Ertappt wende ich den Kopf, mein Magen krampfte sich zusammen, und mir wurde heiß und kalt zugleich. Hatte er mein Starren bemerkt oder nur zufällig in meine Richtung geschaut? Als ich aus dem Augenwinkel prüfte, ob die Luft wieder rein war, sah er mich durchdringend an. Meine Kopfhaut kribbelte.

Ich meinte, den Ansatz eines Lächelns in seinem Mundwinkel zu erkennen, als Alberts ihn ermahnte, ihm zu folgen.

Langsam nahmen alle ihre Plätze auf Klappstühlen an den Längsseiten des Beckens ein. Das Poolhaus stand an der Kopfseite, sodass ich freie Sicht auf die Bahnen hatte, daher blieb ich einfach, wo ich war.

Während Kraft irgendeine bedeutungsgeladene Ansprache hielt, trudelten die letzten Nachzügler ein, darunter auch Andrea. Als ich ihn erspähte, wurden mir die Knie weich, und mein Schwanz wuchs sich in Sekunden zu einer stahlharten, pochenden Latte aus. Mein Körper freute sich mehr, ihn wiederzusehen, als mein Kopf verarbeiten konnte.

»Somit erkläre ich das traditionelle Schwimmturnier für eröffnet und bitte die Athleten, sich entsprechend der vorab bekanntgegebenen Reihenfolge in Position zu bringen«, donnerte Krafts kernige Stimme. Keine Ahnung, was er davor gesagt hatte. War mir auch egal.

Tatsächlich war das Wort »Turnier« für diese Veranstaltung völlig überzogen. Als Alberts heute morgen einen letzten Kontrollgang um das Becken gemacht hatte, hatte ich ihn nach den Regeln gefragt, die ungefähr so aussahen: Es gab keinen Schwimmklub oder so was an der Schule, vielmehr meldete sich einfach jeder an, der Bock hatte. Dann wurde per Los entschieden, wer wann gegen wen antreten sollte. Wer im ersten Durchlauf am schnellsten hin- und zurückschwamm, rückte in die nächste Runde vor, danach würden die Sieger gegeneinander antreten, bis irgendwer gewonnen hatte. Es war nicht mal ein Schwimmstil vorgegeben.

Am Ende war das Ganze eine reine Belustigungsveranstaltung, um die verwöhnten Bengel und Lehrer bei Laune zu halten.

Interessant wurde es, als sich die ersten sechs Teilnehmer aus der ersten Reihe erhoben und entblätterten. Sie waren alle ganz ansehnlich, aber doch unterschiedlich gut in Form, vier trugen unverschämt knappe Badeslips, bei deren Anblick mir regelrecht das Wasser im Mund zusammenlief. Zwei hatten Badeshorts an und offensichtlich keinen Plan vom Schwimmsport. Die Teile taugten vielleicht zum Planschen, aber mit dem ganzen Wasserwiderstand sicher nicht dazu, sich effektiv durchs kühle Nass zu bewegen.

Unter den ersten sechs war auch Hannes, die Sportskanone aus Valentins Truppe. Sein muskulöser Arsch sprengte fast das bisschen Stoff um seine Lenden, und mit seinen lässig zusammengebundenen schulterlangen Haaren hatte er was von einem klassischen Surferboy.

Auf den Pfiff einer Trillerpfeife hin brachten sich die Jungs auf den Startblöcken in Position. Ich hatte neben dem Poolhaus einen idealen Blick auf die sechs rausgestreckten Ärsche. Von mir aus hätten sie einfach so bleiben können, bis ich jedem das Badehöschen runtergerissen und ihre engen kleinen Löcher mit meinem Harten aufgebohrt hätte.

Ein zweites Signal ertönte, und die Athleten sprangen ins Wasser. Drei hatten zu spät reagiert und lagen schon jetzt hinten, während Hannes schnell in Führung ging. Absehbar.

Seine Bewegungen beim Kraulen waren gleichmäßig und kraftvoll, und schon bald schlug er an der Kopfseite mit der Hand an, hievte sich mühelos auf den Beckenrand und lächelte siegesgewiss vor sich hin.

Den zweiten Durchlauf bestritten sechs Kerle, die ich schon mal auf dem Campus gesehen hatte, aber nicht namentlich kannte. Besonders fiel mir ein Rotschopf auf, mit richtigem Babyface und Stoppeln am Kinn, die nicht dazu passten – dass der Bengel auch noch zu meinen »Kunden« zählen würde, konnte ich da natürlich noch nicht ahnen. Er stellte sich reichlich dämlich an, versuchte sich am Schmetterlingsstil, sah aber eher aus wie ein absaufendes Pony. Irgendwie fand ich es süß, wie er sich abmühte, und musste grinsen.

Ein reichlich behaarter Typ mit gepflegtem Vollbart entschied die Runde schließlich für sich und reckte brüllend wie ein Gorilla die Faust in die Höhe.

Zwischendurch versuchte ich, einen Blick auf Andrea zu erhaschen, aber zwischen den wedelnden Armen und aufspringenden Kerlen im Publikum war er kaum auszumachen.

In der dritten Runde fiel mir gleich ein Kerl mit wahnsinnig breiten, definierten Schultern auf. Links auf der unbehaarten Brust hatte er ein Tattoo: ein Fisch, vielleicht einer dieser japanischen Karpfen, damit kannte ich mich nicht aus. Jedenfalls schmiegte sich der Fisch elegant an die Wölbung seiner Muskeln, die angedeuteten Wellen um ihn herum schwangen sich bis über die Schulter. Ich hatte das Bedürfnis, die Linien des Tattoos mit dem Finger nachzuzeichnen.

Als er mir auf dem Startblock den Rücken zuwandte, wanderte mein Blick nach unten zu seinen schmalen Hüften. Wie er da so stand, formte sein Körper eine perfekte

Y-Form. Seine Badehose spannte straff über dem festen Fleisch seiner Arschbacken, die er mir entgegenstreckte, als er sich für den Start vornüberbeugte.

Ein Pfiff, und der Kerl schoss ins Wasser, legte mit einem Affenzahn los, schlug am anderen Ende an und kraulte schon wieder direkt auf mich zu. Mir stand der Mund offen, so schnell hatte ich noch niemanden schwimmen sehen. Sein Körper schien wie geschaffen für diesen Sport und bewegte sich durch die Fluten, als gäbe es gar keinen Widerstand. Die Runde entschied er mit enormem Vorsprung für sich.

Als er sich auf den Beckenrand hievte und das Wasser wild um ihn herum spritzte, sah es aus, als wäre der Fisch auf seiner Brust zum Leben erwacht und könnte jeden Moment mit einem kräftigen Flossenschlag in die Höhe schießen.

Kurz erhaschte ich einen genaueren Blick auf sein Gesicht. Die dunklen Haare hingen ihm in dicken Strähnen in die Stirn. Um seinen Mund erkannte ich ein gepflegtes Musketierbärtchen, das ihn wie eine Mischung aus Business-Macker und Mafia-Boss aussehen ließ. Während ich ihn betrachtete, sah er mehrmals kurz in meine Richtung, einmal glaubte ich sogar, dass er mich anlächelte wie einen guten Bekannten. Ich konnte mich allerdings nicht dran erinnern, den Kerl schon mal gesehen zu haben – und an so einen hübschen Burschen hätte ich mich mit Sicherheit erinnert.

Pling.

Mein Handy vibrierte in meiner Arschtasche und riss

mich aus dem Bann des hübschen Fischmanns. Ich zog es hervor. Eine Nachricht von Andrea.

»Der da«, war alles, was er schrieb.

Ich verstand nicht gleich und schickte ein Fragezeichen zurück.

»Oh Mann, der Kerl mit dem Koi-Karpfen-Tattoo. Den hab ich klargemacht. Du sollst ihn nach dem Turnier in der Umkleide treffen. Preis habe ich vorab geklärt, du musst nichts mehr machen. Na ja, außer ihn ficken.«

Weil mir nichts Besseres einfiel, schickte ich einen geil grinsenden Smiley als Antwort. Entweder war es pures Glück, oder Andrea hatte einfach einen verdammt guten Geschmack. Wollte so ein Prachtkerl mich wirklich für Sex bezahlen? Mir schwirrte der Kopf.

Von der vierten und fünften Runde bekam ich nicht viel mit, weil ich in Gedanken schon bei dem scharfen Karpfenkerl war und mit einer Hand in der Hosentasche meinen Dicken durchknetete. Hin und wieder ließ ich meinen Blick beiläufig über die erste Reihe der Klappstühle streifen, wo er wieder mittig Platz genommen hatte.

In der sechsten Runde traten nur noch vier Jungs gegeneinander an. Dass das die Siegeschancen im Vergleich zu den Sechserdurchläufen verzerrte, schien niemanden zu stören. Unter den letzten Teilnehmern war auch Valentin. Er trug Badeshorts mit grell bunten Blumen darauf und grinste breit vor sich hin. Auf dem Startblock riss er die Arme hoch und rief der Menge irgendwas zu, die daraufhin johlte. Wie gerne hätte ich den Kerl einfach ins Wasser gestoßen, um seinem selbstherrlichen Auftritt ein Ende zu setzen.

Irgendwann hatte er sich auch endlich in Position gebracht. Doch beim Startschuss sprang Valentin nicht ins Wasser, sondern drehte sich in einem Satz um hundertachtzig Grad, zog seine Badehose runter und entblößte seinen Arsch vor versammelter Mannschaft. Ohrenbetäubendes Grölen donnerte über den Platz.

»Krasse Kiste!«, brüllte irgendwer heiser.

Viele waren wohl entzückt über die unanständige Aktion, hier und da hörte ich aber auch ein deutliches »Buh!«. Valentin störte das natürlich nicht. Hauptsache, Aufmerksamkeit.

Ich rollte mit den Augen und sah kurz zu Kraft und Alberts rüber. Der Truthahnhals sah aus, als müsste er jeden Moment implodieren, und redete auf den Direx ein. Kraft wiederum beobachtete das Schauspiel mit unbewegter Miene.

Nach einem Schlag auf seine Arschbacke zog Valentin die Hose wieder hoch und startete auch endlich seine erste Bahn. Die anderen hatten schon gut die Hälfte der Strecke hinter sich gebracht. Der eingebildete Affe hatte keine Chance.

Dachte ich.

Keine Ahnung, wie er es anstellte, aber er schlug nur eine Sekunde nach seinen Konkurrenten am gegenüberliegenden Ende an, wendete in einer fließenden Bewegung und überholte die anderen schon auf der Hälfte des Rückwegs.

Während die Konkurrenz nacheinander hechelnd den Beckenrand erreichte, stand Valentin schon breitbeinig und mit ausgebreiteten Armen vor der Meute und ließ sich feiern. Er drehte sich zu mir um, sodass das Publikum nur seinen Rücken sehen konnte, und gab mir mit einer billigen Geste wieder mal zu verstehen, dass ich seinen Schwanz lutschen konnte. Ich packte mir an den Schwanz und deutete als Erwiderung auf die gut sichtbare Beule in meinen Shorts.

Nach der Aufregung um Valentins Arsch und den – ich gab es nicht gerne zu – beeindruckenden Sieg trotz des Spätstarts dauerte es eine Weile, bis sich die Schüler wieder beruhigt hatten. Alberts krächzte vergeblich in ein Megafon, Kraft saß nur da und sah dem Ganzen unbewegt zu.

Irgendwann ging es mit den Eins-gegen-eins-Runden weiter. Hannes, der Fischmann und Valentin setzten sich natürlich problemlos durch, und mir wurde beinahe ein bisschen langweilig.

Meine Aufmerksamkeit kehrte erst zurück, als das Halbfinale begann und die drei Sportskanonen sich auf den Startblöcken befanden. Diesmal erlaubte sich Valentin keine Spielereien und wirkte auf einmal ziemlich verbissen und konzentriert. Wer jetzt den dritten Platz belegte, war raus, der erste und zweite Platz würden noch ein letztes Mal gegeneinander antreten, um den Sieger zu ermitteln.

Hannes kämpfte zwar bis zuletzt, aber der Fischmann hatte seine Bahnen mit zwei oder drei Sekunden Vorsprung zuerst hinter sich, bevor Valentin knapp vor Hannes das Ziel erreichte. Der Kerl wirkte ehrlich enttäuscht. Ich fand es echt niedlich, wie bedröppelt er dastand und die Unterlippe ein bisschen vorschob wie ein bockiges Kind. Er bemerkte nicht mal, dass seine superknappe Badehose ihm in die Arschspalte gerutscht war und sein Hinterteil halb entblößte. Wie gern hätte ich ihn in den Arm genommen und auf andere Gedanken gebracht…

Zuletzt trat Valentin erneut gegen den heißen Karpfen an. Seine Chancen konnten nicht sehr hoch sein, schließlich hatte er eben schon kaum mithalten können.

Doch auch diesmal hatte ich mich getäuscht. Vielmehr hatte Valentin wohl seine Kräfte für die Finalrunde gespart: Beide starteten zeitgleich, und zuerst war es ein ebenbürtiger Wettkampf.

»Valentin, bester Mann!«, hörte ich Anfeuerungsrufe aus den Zuschauerreihen.

»Hoshi! Hoshi! Schneller als ein Koi!«, brüllte ein geschlossenes Grüppchen rhythmisch. Hoshi – war das der Name des Karpfenkerls?

Auf dem Rückweg wurde der Fischmann nach und nach langsamer, sodass Valentin mit knappem, aber ausreichendem Vorsprung das Rennen für sich entschied.

Die Menge tobte, Valentin ließ sich feiern. Einige Schüler zogen schon ab, während sich eine Traube um die beiden Finalisten sammelte. Auf die Selbstbeweihräucherung des eingebildeten Sacks hatte ich keine Lust, also machte ich mich auf den Weg zu den Umkleideräumen. Ein bisschen aufgeregt war ich mittlerweile. Sex am helllichten Tag, mitten im Hauptgebäude? In meinen Eiern kribbelte es heftig.

Eine Weile hatte ich im Gang vor den Umkleidekabinen beschäftigt getan, bis die meisten Teilnehmer endlich abgedampft waren. Hoshi war zwar reingegangen, aber noch nicht wieder rausgekommen. Ich stieß die Tür zur Umkleide auf, blieb breitbeinig stehen und verschränkte die Arme.

Mist. Hoshi war noch da, aber auch noch zwei andere Kerle.

»Werdet mal fertig, Jungs«, sagte ich, »hab hier noch was zu erledigen.«

»Was denn, 'ne Schraube festziehen?«, fragte einer frech und zwinkerte seinem Kumpel dämlich zu.

»Nee, 'n Rohr verlegen. Ab mit euch«, forderte ich unbeirrt. Dabei blinzelte ich für den Bruchteil einer Sekunde zu Hoshi rüber. Der stand noch in seiner Schwimmhose da und trocknete sich gerade die Haare.

»Ich glaube nicht, dass der Facility Manager hier irgendwas zu melden hat«, sagte der andere Bengel jetzt trotzig. Ich musste die beiden dringend loswerden.

»Der vielleicht nicht, aber Dr. Alberts vielleicht«, setzte ich zu einer Notlüge an. Plötzlich waren die beiden Jungs ganz hellhörig. »Wenn ihr nicht gehen wollt, kann ich ihm gerne sagen, dass ich meine Arbeit wegen euch nicht erledigen konnte.«

Sie sahen mich mit zusammengekniffenen Augen an und überlegten offenbar, ob ich es ernst meinte. Sicher war ich mir nicht, wie gefürchtet der alte Alberts wirklich war. Zum Glück entschieden sie, dass es das Risiko nicht wert war, und zogen mit einem »Ist ja gut« ab. Endlich war ich mit dem heißen Fisch allein.

»Soll ich dann auch gehen?«, fragte Hoshi, während er sich die Badehose runterzog. Er richtete sich wieder auf und stand nackt vor mir: Sein fast haarloser Körper sah aus wie eine antike Statue – bis auf den dicken schlaffen Schwanz, der zwischen seinen Beinen baumelte und meinen Blick magisch anzog. Meine Augen wanderten wieder hoch zu seinem Gesicht, und ich zog eine Augenbraue nach oben.

Hoshi grinste mich jetzt breit mit seinen makellosen weißen Zähnen an.

»Ich dachte schon, du kommst nicht«, sagte er, jetzt nur noch halblaut.

Ich drehte mich um, zückte meinen Schlüsselbund und schloss die Umkleidekabine ab. Einen Augenblick lang zögerte ich, mich wieder umzudrehen. Ich hatte wahnsinnigen Bock auf diesen attraktiven Kerl und war noch total überrumpelt, dass er es auch mit mir treiben wollte. Gleichzeitig hielt mich ein neuartiges Gefühl zurück – fast so etwas wie Angst, wenn auch nicht auf die Art, die einem die Knie schlottern lässt. Andrea hatte den Kerl für mich klargemacht, und zwar zu ganz konkreten Bedingungen. Er wollte vögeln, ich sollte sein Bedürfnis befriedigen – ein Bedürfnis, das wir durchaus teilten –, und am Ende würde er mich dafür bezahlen.

Da lag der Hund begraben: Im Gegensatz zu der Nummer mit Andrea waren wir nicht bloß zwei geile Jungs, die scharf aufeinander waren. Diesmal war es auch ein Geschäft, Ware gegen Zahlung, Fick gegen Cash. Und auch wenn mich die Vorstellung anmachte, schwirrten mir

Fragen durch den Kopf. Was, wenn einer der Kerle nicht zufrieden ist? Und was, wenn er die ganze Sache auffliegen lässt?

Hoshis starke Arme umfingen mich von hinten. Ich erstarrte. Ich beobachtete, wie seine kräftigen Hände, an denen die Adern leicht hervortraten, meine Hose öffneten und sich in meinen Schritt schoben. Als er meine Eier in die Hand nahm und meinen Schwanz betastete, wurde ich halbsteif und beschloss, meine Bedenken beiseitezuwischen. Jetzt war es eh zu spät.

»Können wir anfangen? Ich bin richtig geladen nach dem Turnier. All die halbnackten Jungs …«, flüsterte er mir mit tiefer Stimme ins Ohr. Sein warmer Atem ließ mich schaudern. »Außerdem werde ich zur Siegerehrung erwartet«, fügte er hinzu und zog meine Shorts so weit herunter, dass sie mir auf die Füße rutschten. Ich verstand. Es blieb nicht ewig Zeit.

Mit einer geschmeidigen Bewegung fuhr er nach oben an meine Brust und betastete meine Nippel, die augenblicklich hart wurden. Ich keuchte auf und ließ es geschehen, als er mir das Oberteil über den Kopf streifte. Nebenbei stieg ich aus der Hose und den Latschen an meinen Füßen.

Hoshi drehte mich zu sich um, sodass wir uns Auge in Auge gegenüberstanden. Der Blick seiner dunklen Augen war durchdringend, und langsam schlotterten mir die Knie doch – allerdings vor Erregung. Der Kerl strahlte eine ruhige Bestimmtheit aus, die mich innerlich rasend machte.

»Schade, dass du nicht gewonnen hast«, sagte ich, worauf er breit lächelte.

»Macht nichts. Kräfte falsch eingeteilt, Valentin hat mich ausgetrickst. Aber süß, dass du für mich warst«, antwortete er.

Süß hatte mich, glaube ich, noch niemand genannt. Er trat einen halben Schritt zurück und betrachtete mich von oben bis unten, während ich das Tattoo auf seiner Brust nun von Nahem ansah.

»Wow, der ist ja schon jetzt mächtig dick«, sagte er, meinen Halbsteifen mit der Hand wiegend.

»Wird noch dicker«, sagte ich gespielt selbstbewusst. Mir schlug das Herz bis zum Hals. Das Kribbeln auf meiner Haut, unter jeder seiner Berührungen sorgte dafür, dass ich mich wie ein Haufen Pudding fühlte, der jeden Moment zur Seite kippen konnte.

Ich streckte die Hand aus und fuhr mit dem Zeigefinger die Linien des Karpfens nach. Legte die Handfläche auf seine Brust. Hoshi begann, mich zu wichsen und mir den Schwanz zu kneten. Irgendwann nahm er meine Hand und führte sie an seinen Prügel, der schon hart nach oben ragte. Ich umschloss das pochende, heiße Teil und massierte es sanft. Hoshi legte den Kopf ein wenig zurück und stöhnte mit belegter Stimme auf.

So standen wir uns ein, zwei Minuten gegenüber und bearbeiteten uns gegenseitig die Schwänze. Nur wollte meiner nicht so richtig steif werden, obwohl ich nichts lieber getan hätte, als meinen ersten »Kunden« aufzubohren und mich tief in ihn zu stoßen. Doch je mehr ich darüber nachdachte, desto schlimmer wurde es. Ich fürchtete schon, dass ich mich mit dieser ganzen Idee in eine echt dämliche Situation manövriert hatte.

Bevor mein Teil komplett erschlaffen und das Schweigen um uns peinlich werden konnte, nahm mich Hoshi an den Schultern und führte mich an die Bank in der Mitte des Raums. Ich war wie Wachs in seinen Händen und ließ ihn einfach machen. Schließlich lag ich auf der Sitzfläche, die Beine links und rechts aufgestellt, mein Kopf hing ein bisschen über die Kante.

Der Kerl baute sich über mir auf und lächelte mich von oben an. Sein Ständer schob sich in mein Sichtfeld, dann sein Sack.

»Aufmachen.«

Gehorsam öffnete ich den Mund. Er ging ein Stück in die Knie, bis seine dicken Eier auf meine Lippen trafen. Ich leckte darüber und saugte ein bisschen am Sack. Am Versuch, beide Eier in den Mund zu nehmen, scheiterte ich, also saugte ich sie einzeln ein und fuhr gierig mit der Zunge darüber. Über mir atmete Hoshi scharf ein und aus.

»Du machst das echt gut«, sagte er, bevor er sich an die Latte packte, sie nach unten drückte und mit seiner prallen Eichel über meine Lippen fuhr. Ich leckte den Vorsaft ab, den er um meinen Mund verteilte. So von Nahem fiel mir auf, dass auch sein Schwanz von kräftigen Adern überzogen war, was mir richtig gut gefiel. Ich schnappte ein paarmal spielerisch nach seiner Schwanzspitze, bis er mir seinen Ständer schließlich zwischen die Lippen schob.

Schon auf halber Länge seines Ständers hatte ich eine komplette Maulsperre. Das war ein ganz beachtliches Kaliber, und ich gurgelte, damit er anhielt. Stattdessen schloss sich seine Hand um meinen Hals, während er sich noch tiefer in mich schob. Ich war echt kein Profi in Sachen Deepthroat, aber der Kerl schien wildentschlossen zu sein, mir sein komplettes Teil reinzuschieben.

Als er sich ein Stück zurückzog, atmete ich tief durch und räkelte mich ein wenig auf der Bank. Und schon ging es weiter, noch ein wenig tiefer als beim ersten Anlauf. Hoshi begann, mir an den Brustwarzen zu spielen, während er seinen Rhythmus fand, um mein Maul zu ficken. Sein kehliges Stöhnen drang an mein Ohr.

»Du bist echt heiß«, sagte er zwischen zwei Stößen und kniff mir kräftig in die Nippel. Ich zuckte zusammen, versuchte zu stöhnen, aber sein Schwanz stopfte mich so fest, dass kaum ein Laut aus meiner Kehle kam. Alles drehte sich um mich her, Hoshis harten Schwanz im Mund, seine Hände an meiner Brust – und in diesem Moment fiel endlich die anfängliche Anspannung von mir ab.

Ich spürte, wie sich jeder Muskel in meinem Körper entspannte. Mein Sack zog sich kribbelnd zusammen, es zog mir in den Eiern, doch statt mich selbst zu wichsen griff ich nach Hoshis festen Arschbacken und zog sie energisch an mich heran. Er verstand sofort und stieß jetzt ohne jede Zurückhaltung bis auf Anschlag in mich hinein. Ich gurgelte meine Zustimmung und konnte im wahrsten Sinne den Hals gar nicht voll bekommen.

Schlagartig zog Hoshi plötzlich seine triefende Latte

aus mir heraus. Schwer atmend riss er meinen Oberkörper nach oben und legte mich nun bäuchlings auf die Bank. Meinen Arsch zog er nach oben und riss mir die Arschbacken auseinander. Ehe ich realisierte, was geschah, hatte ich seine Zunge in meiner Spalte, die gegen mein Loch drängte. Mir war ganz schwindelig vom spontanen Stellungswechsel.

›Sollte ich nicht eigentlich ihn ficken?‹, fragte ich mich noch, da stieß schon ein Finger in mich und dehnte mich unnachgiebig auf. Ich spürte einen lustvollen Schmerz, der mir den Atem verschlug, und drängte reflexartig gegen Hoshis kräftige Hand. Meine Schenkel zitterten ein wenig, aber ich beschloss, mich ganz auf die unerwartete Wendung einzulassen.

»Muss reichen«, hörte ich Hoshi hinter mir. Dann setzte er seine Latte an, die noch gut befeuchtet war vom Maulfick kurz davor. »Sag, wenn es zu viel …«

Auf einmal konnte es mir gar nicht schnell genug gehen, also unterbrach ich ihn, indem ich die Beine durchdrückte, worauf sein Prügel ein Stück in mich eindrang. Ich hatte das Gefühl, dass es mich jeden Moment zerreißen müsste, also schob ich mich nur ganz langsam näher an ihn heran. Die Hitze und Härte seiner Latte auf diese Weise zu spüren, hatte ich nicht erwartet, aber mit jedem Zentimeter, den er tiefer in mir steckte, gefiel mir das Gefühl besser.

Mein »Kunde« brachte keinen Ton mehr heraus und war wie erstarrt. Mein Hintern stieß gegen seinen Schritt. Ich wartete darauf, dass Hoshi mich packen und anfangen würde, mich zu reiten, aber er bewegte sich kein bisschen.

»Ich würde ja, aber…« Über die Schulter versuchte ich, einen Blick auf sein Gesicht zu erhaschen, doch aus dem Augenwinkel erkannte ich gerade so, wie die Wahnsinnsstatur seines Oberkörpers über mir aufragte. In meinem Arsch zuckte sein Schwanz.

»Scheiße, du bist so eng, ich könnte schon«, sagte Hoshi endlich und fuhr mir über den Rücken.

Ich lachte dreckig und dachte mir: ›Wo ist das Problem?‹ Wenn der Kerl mich jetzt nicht ficken wollte, dann musste ich eben die Führung übernehmen. Also fing ich an, meinen Arsch vor- und zurückschnelle zu lassen. Das ging mächtig auf die Oberschenkel, aber durch die Anspannung wurde mein Fickkanal noch enger, und ich spürte das geile Teil besonders intensiv.

»Fuck«, keuchte Hoshi nach wenigen Augenblicken. Seine Hände landeten auf meinen Hüften, und seine Finger gruben sich in mein Fleisch. Mit eisernem Griff stoppte er mich mitten in der Bewegung, während ich sein Teil in mir pumpen spürte. Rhythmisch spannte ich meinen Hintern an, ließ wieder locker, spannte ihn wieder an – bis er sich auf den letzten Tropfen in mir entleert hatte. Sobald sein Griff sanfter wurde, bewegte ich mich noch ein paarmal vor und zurück.

»Mann, das war echt gut und vor allem echt nötig«, erklärte Hoshi irgendwann. Sein Schwanz glitt aus mir raus. Ich hörte, wie er aufstand.

»Ich gehe mich schnell abduschen«, sagte er. Bevor er

ging, hauchte er mir einen Kuss auf die Wange, sagte »Danke« und verschwand dann selig lächelnd in den Duschraum nebenan.

Mir tropfte sein Saft aus dem Loch, und ich fragte mich: ›War's das schon?‹ Ich war gerade mal angefüttert und wollte mehr. Mit einem Blick nach unten stellte ich fest, dass mein Schwanz steinhart nach oben ragte. Auch wenn mein »Kunde« offenbar schon befriedigt war, wollte ich mehr. Außerdem sollte er unsere Nummer nicht so schnell wieder vergessen.

In einer Ecke der Umkleide entdeckte ich ein Springseil. Ich griff danach und schlich hinter dem Karpfenmann her in die Dusche. Hier drinnen war alles blitzblank, das Schachbrettmuster aus schwarzem und weißem Marmor zog sich vom Boden bis hoch an die Decke. Mittendrin stand Hoshi, mit dem Rücken zu mir, unter einem vergoldeten Regenwaldduschkopf. Die Kerle in diesem seltsamen Institut konnten wohl echt nicht genug von dem ganzen Luxuszeug bekommen, aber ich musste zugeben, dass das aufgemotzte Drumherum Hoshis perfekten Körper erst recht wie eine kostbare Statue wirken ließ.

Wasser prasselte aus der Brause und rann in breiten Strömen über den definierten Rücken, floss zwischen den Schulterblättern entlang, zwischen die Arschbacken und an den kräftigen, aber eleganten Beinen hinab. Dampfschwaden stiegen auf. Bald war der ganze Raum in dünne Nebelschwaden gehüllt. Mir kam die ganze Szene wie ein Traumbild vor.

Schweigend trat ich näher an Hoshi heran, und tatsächlich bemerkte er mich erst, als ich von hinten die Arme um ihn legte.

»Hey, willst du mit mir duschen?«, sagte er lächelnd über die Schulter und bemerkte erst, als ich schon ganz dabei war, wie ich das Springseil um den Duschknopf legte und anschließend um seine Hände schlang.

»Was denn jetzt?«, fragte er, aber ich machte nur »Schhh«, hatte den Knoten schon festgezogen und stellte das Wasser ab. Dampf und gespannte Stille waberten um uns herum.

So gefesselt konnte Hoshi weder vor noch zurück. Ich ging in die Knie und vergrub das Gesicht zwischen den zwei Muskelbergen von Arschbacken.

»Hey, ähm, was …«

Ich ignorierte sein Gestammel und bearbeitete den Kerl ordentlich mit meiner Zunge, bis er gut geschmiert war. Dann richtete ich mich wieder auf und drängte mit meiner Latte gegen sein Loch.

»Sieh es als besonderen Service«, sagte ich nah an seinem Ohr und schob mich gleichzeitig ganz langsam in ihn. Sein Körper war heiß und stramm, und ich spürte schon, wir es mir in den Eiern zog. Ich war so auf Touren, dass ich sicher auch nicht lange brauchen würde.

»Wow, der ist wirklich um einiges dicker, wenn er hart ist«, presste Hoshi zwischen den Zähnen hervor.

»Warte, bis er ganz drin ist.« Die Hände an seinen Nacken gelegt, stieß ich einmal zu. Wir stöhnten parallel auf, und unsere Stimmen hallten von den gefliesten Wänden wider. Ich legte los und bohrte mich wieder und wieder tief in Hoshis Arsch. Der Kerl war wohl länger nicht durchgenommen worden, so sehr, wie ihn der Fick in Ekstase versetzte. Völlig ungehemmt brüllte er, seine Lustschreie drangen in meine Ohren, in mein Hirn und peitschten mich zu immer schnelleren und härteren Stößen an.

Der Kerl riss wild an dem Seil, doch ich hatte meine Arbeit gut gemacht: Die Fesseln gaben kein bisschen nach. Es törnte mich an, wie er den Oberkörper hin und her warf, während ich seine stramme Kiste bearbeitete. Meine Eier zogen sich zusammen, ein fast unerträgliches Ziehen fuhr durch meinen Unterleib.

Fest rammte ich gegen Hoshis Kiste, und während ich ihn vollpumpte, riss er so heftig an dem Seil, dass irgendwie der Hahn geöffnet wurde und ein kräftiger Wasserstrahl auf uns niederging.

Ich umarmte ihn fest von hinten, noch lange, nachdem mein Schwanz aufgehört hatte zu pumpen. Hoshi zitterte und stammelte irgendwas Unverständliches.

»Alles okay?«, fragte ich leise.

Er keuchte vor sich hin und antwortete dann: »Mach mich los, mein Ständer bringt mich gleich um den Verstand!«

Ich tastete zwischen seinen Beinen, und tatsächlich: Sein Hammer stand wieder wie eine Eins. Statt ihn zu befreien, fing ich einfach an, ihn zu wichsen. Noch immer steckte ich tief in ihm und stieß jedes Mal, wenn ich seine Vorhaut zurückzog, heftig nach.

Als er über meine Hand kam, spülte der Wasserstrahl alles sofort wieder ab. Die Temperatur war ziemlich hoch eingestellt, aber wir spürten es kaum, nachdem wir uns so heißgefickt hatten. Es gefiel mir, Hoshi zu halten, die Hände über die Wölbung seiner Brustmuskeln gelegt, meine Hüften an seinem Hintern. Ich hatte keine Lust, meinen erschlaffenden Schwanz rauszuziehen und hätte noch ewig so stehen bleiben können.

»Ich müsste so langsam echt …«, brach Hoshi irgendwann das Schweigen.

Seufzend löste ich den Knoten um seine Handgelenke, was mit einem nassen Seil alles andere als einfach war. »Die warten bei der Feier wahrscheinlich schon auf mich«, sagte er, während er sich einseifte. Bevor ich ging, zog ich ihn kurz an mich heran und gab ihm einen Kuss.

»Ich hoffe mal, mein … ›Service‹ war zufriedenstellend«, sagte ich mit näselnder Stimme, als wäre das hier ein offizieller Anlass und ich ein Hotelpage oder so. Sein zufriedener Blick und das freche halbe Grinsen waren mir Antwort genug.

Alle Anspannung, die mich anfangs befallen hatte, war wie weggeblasen. Ich fühlte mich saugut und ging mit ausladenden Schritten voraus, um mich anzuziehen und zu verschwinden, bevor man uns zusammen sah.

»Ach, nimm den Umschlag mit, der vorne in meiner Tasche steckt«, rief Hoshi von nebenan.

Er meinte wohl die große Sporttasche die vor seinem noch offenen Spind herumstand. Ich schaute hinein und entdeckte einen Briefumschlag, den ich herauszog. FÜR DIE REPARATURARBEITEN stand groß darauf in zackiger, aber nicht hässlicher Handschrift. Ich schmunzelte.

Das Geld direkt nachzählen wollte ich nicht – es schien mir absurd, dass die reichen Bengel an dieser Schule sich als knauserige Sparfüchse herausstellen würden –, also steckte ich den Umschlag in meine Gesäßtasche, als ich wieder angezogen war. Die Klamotten klebten auf meiner Haut – ich hatte natürlich kein Handtuch dabei und war triefnass. Irgendwie fühlte sich das aber erfrischend an.

Mit einem lauten »Ciao« schloss ich die Tür auf und verschwand.

Später an diesem Tag saß ich auf meinem zerschlissenen Sessel und schrieb Andrea eine Nachricht: »Ist super gelaufen.«

Dann zog ich den Umschlag hervor. Wie ich ihn so in der Hand hielt, wurde mir schlagartig bewusst, dass ich ernsthaft Kohle für einen Fick genommen hatte – und in diesem Moment kam mir das genau richtig vor. Ich war hergekommen, um Geld zu verdienen und unabhängig zu werden. Warum sollte ich mein Gehalt also nicht aufbessern und dabei noch verdammt viel Spaß haben?

Vergnügt riss ich den Umschlag auf. Ich war gespannt, welchen Preis Andrea rausgehandelt hatte. Als ich die Scheine in der Hand hielt, stockte mir der Atem. Offenbar war mein Schwanz Gold wert …

»Hat er auch gezahlt?«, wollte Andrea wissen.

»Jap«, antwortete ich sofort. Dann schrieb ich ihm die Summe. »Hast ja mächtig was rausgehandelt.«

Als die nächste Nachricht kam, erfuhr ich, dass der Kerl noch einiges oben draufgelegt hatte.

»Vielleicht hat er Schiss, dass du doch was ausplaudern könntest«, mutmaßte Andrea.

Ich ließ mich in die Lehne des Sessels sinken und hatte schon tausend Dinge im Kopf, die ich mit der ganzen Kohle anstellen könnte. Gleichzeitig wusste ich, dass ich es bereuen würde, wenn ich alles ausgab. Ich beschloss, in der nächsten Zeit ab und an in die Stadt zu fahren und jedes Mal einen Teil des Geldes auf mein Sparkonto einzuzahlen. Hätte ich alles auf einmal hingebracht, wäre das bestimmt aufgefallen.

›Ganz schön kompliziert‹, überlegte ich kichernd, ›aber zumindest kann ich so meinen arschteuren Luxuskörper in Form halten.‹

Nach einer Weile schrieb wieder Andrea: »Hat's denn Spaß gemacht?«

Und wie es Spaß gemacht hatte. Ich beschrieb ihm ungefähr, wie es gelaufen war, und wurde von meiner Zusammenfassung schon wieder so geil, dass ich bereit gewesen wäre, den nächsten Bengel zu besteigen.

»Na dann freu dich«, meinte Andrea dazu, »ich bin schon an den nächsten untervögelten Jungs dran. Und vielleicht … sehen wir uns ja auch mal wieder. Du weißt hoffentlich noch, welche Bezahlung du mir versprochen hast. ;)«

Oh ja, das wusste ich ganz genau. Als hätte ich unser Parkplatzabenteuer vergessen können.

Kapitel 6: Ein Bett im Kornfeld – oder ein Mühlstein, wenn's sein muss

Während der Sommer sich langsam verabschiedete und die Bäume auf dem Campus langsam die Blätter abwarfen, verschaffte Andrea mir noch drei weitere Dates. Für das erste Treffen musste ich mich in den Flügel mit den Schülerunterkünften schleichen – was sich als schwierig erwies, denn es war Samstagabend und die Flure waren verhältnismäßig belebt gewesen. Der Kunde war ein weißblonder, schlanker Bengel, hübsch anzusehen, vielleicht Schwede oder Norweger, er sprach jedenfalls mit irgendeinem Akzent aus der nördlichen Himmelsrichtung.

Wir schoben eine Nummer in seinem Bett, ganz klassisch und mit einem Hauch Romantik. Die aber darunter litt, dass der Bengel mich die ganze Zeit ermahnte, leise zu sein, weil er befürchtete, jemand könnte uns beim Ficken hören. Ich hatte das Gefühl, dass er mehr Angst als Spaß hatte. Nachdem ich alles Stöhnen mühsam runtergeschluckt und unspektakulär in seinen Arsch gespritzt hatte, wirkte er trotz allem seltsam glücklich.

Der Zweite wollte es wenige Tage später nachts in

seinem Auto treiben, was mir schon besser gefiel. Diesmal war ich an einen niedlichen Strebertyp mit Hornbrille und spießigen Koteletten geraten – optisch im letzten Jahrhundert hängen geblieben, aber mal was anderes. Weil seine Luxuskarre ein schicker, aber eher kleiner Sportwagen war, hatten wir nicht besonders viel Platz und beließen es bei einem Blaskonzert. Der Bengel war sichtlich aufgeregt und wusste gar nicht, wohin mit seinen Händen, fummelte planlos an meinen Nippeln rum und saugte viel zu heftig an meinem Teil. Und das Schlimmste: Er redete dabei auch noch die ganze Zeit.

Irgendwann sagte ich ihm, dass er einfach stillhalten sollte, als er sich über meinen Schritt lehnte. Er gehorchte aufs Wort, ich presste ihn auf meine Latte und fickte sein Maul hemmungslos durch. Nachdem ich ihn vollgepumpt hatte, wollte ich mich um seinen Schwanz kümmern – und musste feststellen, dass er sich schon in die Hose gespritzt hatte. Schade, sein Teil war mehr als ansehnlich, aber mehr verkraftete er an einem Abend nicht, wie er mir erklärte.

Nach einer Pause folgte dann das dritte Herbst-Date, zu dem ich nicht viel sagen möchte … Es war nicht mal schlimm, sondern einfach nur so schräg, dass ich es folgendermaßen zusammenfassen will: Bestellt hatte mich ein riesengroßer, breiter Bursche, der aussah wie ein Wrestler, der mit mir eine Art Fick-Ring-Wettbewerb abhalten wollte, bei dem mehrere Kostüme – unter anderem ein Hähnchenanzug und ein Krankenschwesternkostüm –

und äußerst interessant geformte Toys eine Rolle spielten. Es war seltsam und geil, ein bisschen zu viel von allem und echt unbeschreiblich.

Schon vor dem Winter hatte ich so viel von den verwöhnten Sprösslingen abgezockt, dass ich gar nicht mit dem Einzahlen bei der Bank hinterherkam. Wie früher die Omas hatte ich mein Erspartes größtenteils in meinem Kopfkissen versteckt. Nur dass Omas Notgroschen sicherlich nicht so üppig ausgefallen war.

Der letzte warme Tag des Jahres kam spät, als schon keiner mehr damit gerechnet hatte, dass es noch mal schön werden würde. Es war ein Sonntag, ich hatte frei und hing träge in einem Liegestuhl neben dem Pool herum, nachdem ich die Gelegenheit genutzt hatte, unbemerkt ein paar Bahnen im Becken zu ziehen.

Zwischendurch las ich immer mal ein paar Seiten in einem Roman, der von einer düsteren Zukunft erzählte, aber trotz der eigentlich interessanten Geschichte meine Aufmerksamkeit nicht fesseln konnte. Wenn ich das Buch weglegte, starrte ich über das unnatürlich blaue Wasser hinweg auf das protzige Schulgebäude. Irgendwann zündete ich mir eine Kippe aus der Schachtel an, die ich vor Wochen gekauft hatte und nur anfasste, wenn mir vor Langeweile das Hirn zu implodieren drohte. Damit konnte ich zumindest hier und da ein paar Minuten totschlagen, wenn mir nichts Besseres einfiel.

Am liebsten wäre ich sofort auf meinen Drahtesel gesprungen und losgefahren, einfach rauskommen, mal was anderes sehen. Nur allein raus in die Pampa gurken? Und wo hätte ich hinfahren sollen? Die nähere Umgebung, die ich mit dem Fahrrad erreichen konnte, kannte ich schon zur Genüge.

Mein Handy schepperte los und zerriss die Luft mit seinem hysterischen Klingeln. Vor Schreck atmete ich den Rauch viel zu tief ein, hustete los wie nah am Erstickungstod und schlug mir gegen die Brust.

ANDREA stand auf dem Display.

Ich drückte die Kippe aus und röchelte ein »Hey« ins Telefon.

»Na du? Was machst du grad?«

Ich räusperte mich ein paarmal, bevor ich antworten konnte: »Nichts. Rumhängen. Entspannen, wenn man's positiv drehen will.«

»Du klingst aber nicht gut. Bist du krank?«, fragte Andrea. Nachdem ich ihm versichert hatte, dass alles okay war und er mir endlich glaubte, rückte er damit raus, was er eigentlich wollte: »Das trifft sich, wenn du nichts vorhast. Komm in zehn Minuten zum Parkplatz.«

»Kann ich dann auch auf dem Parkplatz kommen?«, fragte ich, mit den Gedanken schon bei Andreas kleinem Hintern.

»Erst mal erscheinst du am Parkplatz, dann sehen wir weiter«, zerdepperte er meine plumpe Anmache. Ich versprach, da zu sein, und packte schnell ein paar Sachen in meinen Rucksack, weil ich weder wusste, was Andrea vorhatte, noch wie lange das dauern konnte.

Die halbe Stunde lang, die wir in seinem SUV saßen, hatte mir der Bengel nicht verraten wollen, wo er mit mir hinfuhr. Bei jedem anderen Kerl aus dieser Schule wäre ich misstrauisch geworden, aber Andrea konnte ich keine wirklich fiesen oder gefährlichen Aktionen zutrauen. Also hatte ich einfach nur auf dem Beifahrersitz gesessen und zugesehen, wie der kleine drahtige Kerl die Riesenkarre sicher über die Landstraßen lenkte.

Jetzt saßen wir auf einem Hügelchen, mitten zwischen abgeernteten Getreidefeldern, auf dem unter einem einzelnen Baum ein gewaltiger, zerbrochener Mühlstein lag. Andrea hatte eine Decke ausgebreitet, auf der wir dösend nebeneinandersaßen. Es war absolut windstill, und unter der brutzelnden Mittagssonne wurde mir ganz schummrig.

Andrea hatte die Augen geschlossen und den Kopf an meine Schulter gelehnt. Wahrscheinlich schlief er. Ich betrachtete ihn aus dem Augenwinkel, wie er dasaß in seinem schicken Anzug, das Hemd etwas weiter aufgeknöpft als sonst. Es kam mir völlig schräg vor – zwei Jungs aus völlig verschiedenen Welten, die sich mitten im Nichts getroffen hatten und nun zusammen selig unter der Herbstsonne saßen, als würden sie sich schon ewig kennen.

»Und gefällt es dir hier?«

Also schlief er doch nicht.

»Besonders spannend ist es ja nicht«, sagte ich, um ihn zu ärgern. Er zwickte mich in den Oberschenkel. »Ja, hast recht, is echt schön.«

Eine Weile saßen wir noch so da, bis ich irgendwann wieder Andreas Hand an meinem Bein spürte, die sich diesmal in eine ganz eindeutige Richtung bewegte. Ich bekam sofort Gänsehaut und einen mächtigen Ständer, was ihm natürlich nicht entging.

»Beruhigend, dass ich dir nicht zu langweilig bin nach den ganzen aufregenden Dates«, witzelte Andrea, als er meine Beule streichelte.

Bestimmt wollte er jetzt irgendwelche Komplimente hören. Das war mir aber viel zu albern, mir war nicht nach Flirtspielen. Viel lieber wollte ich den Bengel einfach auf meinen Schoß ziehen und auf meine Erektion drücken. Und genau das tat ich dann auch.

»Du gehst aber ran!«

»Das is noch gar nix.«

Meine Zunge drang in ihn ein. Gleichzeitig fummelte ich an seiner Knopfleiste herum und schaffte es nach einer Weile endlich, das Hemd komplett zu öffnen. Ich strich über seine Brust, fuhr mit einem Arm unter dem Stoff über seinen Rücken und umspielte mit der freien Hand seine Brustwarze. Jetzt drängte Andrea plötzlich gegen mich, küsste mich so tief und stürmisch, dass ich das Gefühl hatte, er wollte mich auffressen. Seine Hände packten meinen Nacken und wuschelten mir durch die mittlerweile viel zu langen Haare.

»Ich müsste mal zum Friseur«, sagte ich, als sich unsere Lippen voneinander trennten.

»Untersteh dich!«, rief Andrea laut. Dann wurde seine Stimme ganz zärtlich und klang heiser: »Nein. Ich finde es schön so.«

Dann biss er mir in den Hals, dass ich vor Schmerz aufschrie, bevor mich in der nächsten Sekunde heißes Verlangen packte. Ich fühlte mich Andrea viel näher, als es mir nach einem Fick und ein paar Textnachrichten normal vorkam.

Es gefiel mir nicht, unsere Umarmung zu unterbrechen, aber die Klamotten waren eindeutig im Weg, also setzte ich Andrea neben mich und zerrte mir schnellstmöglich die Sachen vom Leib. Andrea verhedderte sich in seinem Hemd, das ihm noch in den Armbeugen hing, aber ich konnte nicht länger warten, setzte mich auf den Mühlstein und zog ihn wieder auf meinen Schoß. Sein Schwanz drängte gegen meinen, ich küsste ihn stürmisch und fingerte an seinem zuckenden Loch rum.

Zwischendrin beschwerte er sich wie damals auf dem Parkplatz über meinen kratzenden Fünftagebart, aber das hielt mich nicht davon ab, seinen Körper weiter zu erkunden, in Besitz zu nehmen. Mehrmals leckte ich mir über die Finger und verteilte die Feuchtigkeit in seiner Arschspalte. Wenn meine Lippen nicht auf seine gepresst waren, saugten sie an seinen Nippeln, oder ich fuhr mit der Zunge über seine Brust, hob seinen Arm und leckte ihm seitlich über die Rippen.

Als Andreas Gemurmel verstummt war und wir beide nur noch hitzig stöhnten, hielt ich es nicht mehr aus. Mit einem Griff hob ich seinen Hintern an und senkte ihn zielsicher auf meine Latte. In einem einzigen Rutsch landete er auf meinem Teil. Ich war ganz erstaunt, wie einfach das ging. Es fühlte sich an, als wären sie füreinander bestimmt, sein Arsch und mein Schwanz.

Andrea winkelte hinter meinem Rücken die Beine an und wir verschmolzen miteinander. Ich war in ihm und um ihn, und sein Körper umgab gleichzeitig mich. Der Versuch zuzustoßen scheiterte daran, dass der Mühlstein unter meinem blanken Hinterteil bei jeder Bewegung mächtig kratzte. Stattdessen begann Andrea, mich gekonnt zu reiten.

Seine knackige Kiste hob und senkte sich gleichmäßig, und Schauer fegten über meine Haut, jedes Mal, wenn er mich ganz aufnahm und ich ihn völlig ausfüllte. Die Sonne hatte den Höhepunkt überschritten und knallte mir direkt ins Gesicht. Sie strahlte Andrea von hinten an und machte ihn zu einem Scherenschnitt.

Mir kam alles unendlich weit weg vor – die Dörfer, die nahe gelegene Stadt, das Internat … Ich wünschte mir, das alles vergessen zu können und dass dieser Moment ewig dauern würde.

»Du bist mindestens so aufregend wie alle Dates in den letzten Wochen zusammen«, flüsterte ich Andrea ins Ohr, als er, fest auf meinen Schritt gepresst, stoppte. Sein Schwanz war zwischen unseren Bäuchen eingeklemmt, und auf einmal spürte ich, wie er zuckte und heißes Sperma zwischen unsere Körper pumpte. Andrea stöhnte und schrie nicht, er atmete nur schwer in mein Ohr.

Ich drückte ihn noch fester, ich wollte ihm noch näher sein. Und dann kam ich auch, in ihm. Regungslos saßen wir so auf dem Mühlstein, bis der Höhepunkt vorbei war, und noch eine ganze Weile länger.

Als ich die Augen öffnete, versank die Sonne gerade hinter einer Baumreihe in der Ferne. Ein kühler Wind fegte über mich hinweg, und ich spürte plötzlich die Kälte in den Gliedern. Wie lange hatten wir geschlafen?

Andrea lag neben mir und brabbelte irgendwas im Schlaf. Ich hätte ihn gerne eine Weile beobachtet, aber es war kalt, wir sollten uns dringend was überziehen, und außerdem hatte ich mächtig Hunger. Vorsichtig löste ich meine Hand aus seiner und schüttelte ihn an der Schulter.

»Noch nicht«, sagte er. Nach ein paar weiteren Versuchen, schreckte er hoch, sah sich verwirrt um und fragte mich: »Wie spät ist es? Boah, ist das kalt auf einmal!«

»Keine Ahnung.« Ich stand auf und sammelte unsere Sachen zusammen. Nachdem ich mich bereits angezogen hatte, saß Andrea immer noch da und starrte in die Gegend. Die Haare standen ihm kreuz und quer vom Kopf ab, und er wirkte etwas verloren.

»Hier, sonst erkältest du dich noch«, sagte ich und warf ihm Hemd, Hose und Jackett zu.

»Ist gut, Mama«, frotzelte er, schlüpfte dann aber schnell in seine Klamotten.

Als ich ihm erklärte, was für einen Bärenhunger ich hatte, strahlte Andrea wieder und meinte, ich solle kurz hier warten. Er verschwand in Richtung seines Autos und kehrte kurz darauf mit einer Tasche zurück, aus der er mehrere Metalldosen zog. Offensichtlich hatte er vorgesorgt. Unter den Deckeln kamen belegte Brote zum Vorschein, irgendein interessant riechender Salat und unförmige Obststückchen.

»Mir macht das ja nix, aber das sieht nich sehr luxuriös aus«, sagte ich und zog die Augenbrauen hoch.

»Dafür habe ich alles selbst vorbereitet«, antwortete Andrea und rümpfte die Nase.

»Ich dachte, ihr reichen Leute habt immer irgendwen, der das für euch erledigt«, sagte ich beiläufig. Nicht dass ich Andrea damit ärgern wollte, aber er funkelte mich plötzlich böse an. »Was?«, fragte ich. Mir schien das ganz naheliegend zu sein.

»Jetzt lass endlich diesen Scheiß mit ›Ihr reichen Schnösel dies, das‹!«, sagte er beherrscht, doch hörbar wütend. »Ich kann genauso wenig dafür, dass meine Eltern mich unbedingt in die feine Gesellschaft stecken wollen, wie du dafür, dass deine nicht so wohlhabend sind.«

Ich sah ihn an, öffnete den Mund, schloss ihn wieder. Da hatte er wohl recht. Ausgesucht hatte sich das keiner von uns, also war es unfair, ihm vorzuhalten, dass er nicht in der Platte aufgewachsen war.

»Außerdem habe ich dir schon erzählt, dass ich auch nicht wirklich dazugehöre. Sicher, meine Eltern wollen, dass ich mich noch weiter hocharbeite, als sie es selbst geschafft haben, und vielleicht könnte ich das sogar«, schimpfte Andrea weiter wie ein bockiger Schuljunge. »Aber soll ich dir mal was sagen? Dieser ganze Business-Scheiß interessiert mich kein bisschen. All diese beschissenen Management-Kurse, diese ganzen Scheißbücher über das richtige Scheiß-Mindset und über Scheißbörsenstrategien, die wir an dieser Scheißschule ständig lesen müssen, das geht mir an meinem Scheißarsch vorbei.«

»Das war ganz schön viel Scheiße in einem Satz«, sagte ich und sah ihm in die Augen. Andrea kochte. »Sorry, das sollte nur ’n blöder Witz sein.«

»Falls es dich interessiert«, sagte Andrea leiser, aber mit scharfer Betonung, »ich habe dich sicher nicht nur wegen deinem Schwanz gefragt, ob du heute mitkommst.« Er holte tief Luft. »Klar, dein Körper ist super, du fickst fantastisch, aber vor allem wollte ich Zeit mit jemandem verbringen, bei dem ich nicht den aufstrebenden Business-Macker spielen muss.«

Schon nach dem ersten Satz hatte ich beschwichtigend die Hände gehoben. Ich wollte etwas sagen, nur fiel mir nichts ein, also nahm ich ihn einfach in den Arm und drückte ihn fest an mich.

»Tut mir leid. Jetzt habe ich alles an dir ausgelassen«, flüsterte er mir ins Ohr.

In eine warme Decke aus Andreas Tasche und aneinandergekuschelt, saßen wir nach der spontanen Emotionsexplosion auf dem Hügelchen, aßen Brote und löffelten uns gegenseitig Salat in den Mund. Ich würde behaupten, dass das mit der knisternden Romantik zwischen uns zu tun hatte. Genau genommen hatte Andrea aber einfach nur einen Löffel mitgenommen.

»Wenn du das alles so ätzend findest«, fragte ich kauend, »warum bist du dann eigentlich hier?«

»Weil meine Eltern das unbedingt wollen.«

Ich überlegte, was ich davon hielt. Bei mir war es genau umgekehrt: Ich war hier, weil ich so allem entgehen konnte, was meine Eltern sich von mir wünschten.

»Am liebsten würde ich im nächsten Sommer, wenn ich den Mist hier abgeschlossen habe, einfach verschwinden. Ich will kein Wirtschaftsstudium anfangen«, schob Andrea hinterher.

»Dann lass uns das doch machen.« Ich sah auf die Baumreihe, hinter der die Sonne kaum noch zu sehen war, spürte von der Seite aber Andreas fragenden Blick. »Lass uns doch einfach verschwinden, im nächsten Sommer, wenn wir hier fertig sind«, fasste ich zusammen.

»Bei dir klingt das so einfach.«

Ich sah Andrea an, aber er schaute verschämt weg, als ginge es gerade darum, auf den Mond zu fliegen oder irgendeine andere völlig hirnrissige Idee auszuspinnen.

»Is es doch auch«, stellte ich fest. »Guck mal, meine Eltern wollten unbedingt, dass ich im Autowerk anfange. Hab ich aber keine Böcke drauf. Also bin ich hergekommen. So kann ich Geld sparen, nächsten Sommer läuft mein Vertrag eh aus, und dann kann ich mein eigenes Ding machen.« Mann, wie gut sich das anhörte. Zufrieden biss ich in ein Käsebrot.

»Und wo willst du hin? Und was willst du da machen?«

Andreas Frage ließ mich stocken. Ich bin nicht bescheuert, natürlich hatte ich darüber auch schon nachgedacht. Nur gab es bis jetzt keine Antwort, und es war das erste Mal, dass mich jemand außerhalb meines eigenen Schädels danach fragte.

»Also, das ääähm …«, druckste ich rum. »Weiß ich auch noch nich so genau. Aber es sind ja noch ein paar Monate Zeit. Bis dahin find ich's bestimmt raus.« Ich nickte und zog die Augenbrauen zusammen. Andrea schien nachzudenken.

Über uns schnatterte ein Schwarm Gänse, für den es höchste Zeit war, nach Süden aufzubrechen. Ich sah den krakeelenden Vögeln nach. Ganz so sicher, wie ich eben getan hatte, war ich mir nicht. Ich wusste, dass ich nicht in meine Heimatstadt zurückgehen wollte, aber völlig planlos konnte ich auch nicht in die Welt hinausziehen. Und bisher hatte ich wirklich so gar keine Idee, was aus mir werden sollte.

»Gut. Ich bin dabei.«

Ich drehte den Kopf zu Andrea, der den Oberkörper aufgerichtet hatte, den Rücken durchgedrückt.

»Wir finden heraus, was wir wirklich wollen, und im nächsten Sommer verlassen wir diesen Scheißort und erfüllen uns unsere Träume«, sagte er und sah mir fest in die Augen.

Meine Kopfhaut kribbelte plötzlich und sendete einen Schauer über meinen ganzen Körper. So entschieden, wie Andrea gerade wirkte, kamen mir alle Sorgen, die ich insgeheim hatte, nur noch halb so schlimm vor. Vielleicht war es das, was mir gefehlt hatte, ohne dass ich es wusste: jemand, der meine Wünsche teilte und mit dem ich gemeinsam angehen konnte, was auch immer kommen würde. So wie damals mit Nico, der mich besser verstand als alle coolen Kerle aus der Schule zusammen.

»Damit das nicht nach hinten losgeht, solltest du am besten noch ein paar Euro extra sparen«, sagte Andrea, »ich hätte da schon ein paar Kandidaten im Blick, wenn du verstehst.« Sein Gesicht war jetzt nicht mehr ernst, eher sah er aus wie ein frecher Bengel, der den größten Streich des Jahres ausheckte.

»Auf jeden Fall«, gab ich zurück, zog ihn nah an mich ran und schob eine Hand unter seinen Arsch. »Aber wir sehen uns schon auch noch mal vorm nächsten Sommer, oder?«

»Wehe, wenn nicht«, sagte Andrea. Und damit öffnete er mir den Hosenstall, senkte den Kopf und fing an, mir den Schwanz zu lutschen.

Andrea nahm mich bis kurz vor der Schule in seinem Auto mit. Er bestand drauf, dass ich bis auf den Campus mitfahren sollte, es wär ihm egal, ob uns jemand zusammen sieht. Ich wollte ihm das Leben trotzdem nicht unnötig schwermachen, daher stieg ich einen halben Kilometer vor dem Ziel aus und lief den Rest. Tatsächlich hatte mein Bauchgefühl richtiggelegen: Auf dem Parkplatz trieben sich noch einige Schüler rum, rauchten und becherten heimlich Schampus und Bier.

Unter ihren kritischen Blicken ging ich am Parkplatz vorbei – vielleicht hatten sie Angst, dass ich sie bei Alberts verpfeifen würde oder so. Am Poolhaus angekommen, merkte ich erst, wie platt ich war. Satt, müde und völlig leergespritzt sank ich aufs Bett. Wie ich so da lag, surrte ein seltsames Glücksgefühl durch mich durch und zog mich bald in einen tiefen Schlaf.

Kapitel 7: Setzen, Sex!

Du weißt, was die Strafe für ungezogene Buben ist, die ihre Hausaufgaben nicht machen?«

Das alte, breite Holzlineal sauste auf meine Handfläche, dass es nur so knallte. Mit vorgeschobener Unterlippe und gesenktem Kopf sah der Bengel schuldbewusst zu mir hoch.

»Jetzt schau nicht so!«, sagte ich streng. »Das Schreibpult runtergeklappt und das Heft rausgeholt zum Strafdiktat!«

Statt zu spuren, zog der Kerl jetzt eine Augenbraue hoch.

»Äh … Sind wir nicht eigentlich hier, um …«

»Keine Widerworte!«, fauchte ich und zeigte mit dem Lineal auf ihn. »Wenn du versetzt werden willst, tust du besser, was ich dir sage!«

Nach einigem Suchen fand Hannes tatsächlich ein uraltes Schulheft und einen Bleistift in einem der Kartons unter dem Fenster. Ich musterte ihn genau, damit er sich artig an die – von ihm selbst! – festgelegten Regeln hielt.

Bisher hatte ich mich nie groß an Rollenspielen versucht, aber als wir uns wie verabredet auf dem Dachboden des Hauptgebäudes trafen und das ganze alte Zeug entdeckten, was hier lagerte, war Hannes sofort Feuer und Flamme für ein Lehrer-Schüler-Spiel gewesen. Ich war mir nicht sicher, ob er nicht eigentlich der Lehrer hatte sein wollen, aber bevor es zur Diskussion kam, hatte ich die Rollen schon verteilt. Nach einigem Stottern hatte ich mittlerweile richtig in meine Rolle reingefunden, und es gefiel mir, den Kerl ein wenig zu knechten.

Brav hatte er sich auf einen der uralten Schulstühle gesetzt, die wir hinter einem Pfosten entdeckt hatten. Es gab sogar eine alte, fahrbare Tafel, ein paar Kreidereste und ein langes Holzlineal, das ich jetzt als Requisite benutzte.

Der ganze Dachboden war vollgestopft mit interessanten Sachen: ein altes Klavier stand da, hier und dort waren Möbel mit Bettlaken zugehängt, überall waren Kartons voller Bücher und anderem Kram. Das spärliche Winterlicht fiel durch die kleinen Dachfenster. In den Lichtstrahlen tanzte der Staub. Umgeben vom Halblicht, kam ich mir wirklich vor wie hundert Jahre in die Vergangenheit versetzt. Alles sah ein bisschen aus wie auf einem verwaschenen Foto in Brauntönen.

Wenn Valentin gewusst hätte, was wir hier trieben. Auf dem Weg zum Date mit Hannes war ich ihm – natürlich – über den Weg gelaufen. Zwei blöde Kommentare später hatte ich mir mächtig auf die Zunge gebissen, um ihm nicht ein »Ich geh jetz übrigens deinen Kumpel ficken!« an den Kopf zu knallen. Andererseits war es umso befriedigender, genau das zu tun, ohne dass er auch nur eine Ahnung hatte.

Hannes' Räuspern unterbrach meine Gedanken, und ich kehrte ins Jetzt zurück. Er starrte mich an und wartete offensichtlich darauf, dass ich die nächste Anweisung gab.

»Schreibe er Folgendes«, sagte ich trocken und kicherte in mich hinein, weil ich bei dieser Formulierung unweigerlich an Alberts denken musste. »Es ist unartig, meine Hausaufgaben nicht zu machen …« Der Bleistift kratzte über das Papier. »Damit habe ich die Autorität meines Lehrers verletzt und warte auf meine gerechte Strafe.«

Es war gar nicht so einfach, sich diesen Blödsinn spontan auszudenken. Um mein Hirn in Schwung zu bringen, ging ich ein paar Schritte auf und ab, die Dielen knarzten unter meinen Schuhen. Hannes wartete geduldig ab, bis ich mich wieder zu ihm umdrehte und das Diktat fortsetzte.

»Ich werde alles tun, was der Herr Lehrer für eine angemessene Bestrafung hält. Egal ob er ein Strafdiktat von mir verlangt, mir zusätzliche Bücher zu lesen aufgibt oder eine«, die letzten Wörter sprach ich extralangsam aus und betonte sie übertrieben, »körperliche Ertüchtigung anordnet.«

Auf Hannes' Gesicht zeichnete sich ein geiles Grinsen ab. Gerne hätte ich ihn geküsst und endlich durchgenommen, aber er hatte dieses Spiel gewollt, also musste er auch mitmachen.

»Was gibt es da zu lachen?!«, fuhr ich ihn an. Der Kerl

erstarrte, ich war wohl überzeugend gewesen, dann schrieb er eifrig den letzten Satz zu Ende.

Als er aufblickte, trat ich an seinen Stuhl heran und sah auf ihn herab. Die Geilheit sprang ihm förmlich aus den Augen, aber er hielt sich tatsächlich zurück. Bedächtig öffnete ich meinen Hosenstall.

»Das hast du ja schon mal ganz gut gemacht«, sagte ich, »aber ich muss sichergehen, dass du deine Lektion wirklich gelernt hast.«

Mein Schwanz fiel schwer aus der Hose und baumelte über dem Blatt auf dem Schreibpult. Den Lehrer zu spielen törnte mich so sehr an, dass mein Vorsaft auf das Papier tropfte und es an der Stelle ordentlich aufweichte. Ich deutete auf mein Teil.

»Mach ihn mir hart.«

Mein »Schüler« war natürlich alles andere als unwillig und griff sofort zu. Seine Finger waren kalt, sodass ich zusammenzuckte. Es fühlte sich aber auch aufregend an, als er mit seiner kühlen Fingerspitze unter meine Vorhaut fuhr und meinen Saft drauf verteilte. Es dauerte nur einige Augenblicke, und schon wuchs ihm mein Schwanz entgegen. Prall und pochend thronte mein Ständer über der Schreibfläche, meine blanke Eichel glänzte feucht.

Zaghaft begann Hannes, mich zu wichsen. Er gab sich sichtlich Mühe, doch das richtige Tempo fand er nicht. War er am Anfang noch zu langsam, rubbelte er mir bald viel zu schnell über die Latte. So konnte das nichts werden, also entschied ich, etwas anderes zu versuchen.

Mitten in der Bewegung griff ich sein Handgelenk und stoppte ihn. Gierig und ein bisschen flehend sah er zu mir hoch, und ich konnte mir ein fieses Grinsen nicht verkneifen. Ja, mir gefiel es, hin und wieder den Boss zu geben, der sagte, wo's langging.

»Da muss er sich noch etwas mehr anstrengen«, sagte ich mit einem dunklen Lachen in der Stimme. Ich griff mir an die Schwanzwurzel und ließ meine Latte vor dem errötenden Gesicht meines Schülers auf und ab tanzen. Dann holte ich aus und schlug ihm meinen Prügel von links gegen das Gesicht. Von rechts. Pause. Und noch mal von links. Ich verteilte meinen Vorsaft mit der Schwanzspitze auf Hannes' Lippen. Schon öffnete der gierig den Mund, aber ich zog mein Teil zurück, schlug es ihm der Länge nach mitten zwischen die Augen und drückte meinen vollen Sack gegen sein Gesicht. Er atmete tief ein und aus.

»Ich mache alles, was der Herr Lehrer wünscht«, antwortete Hannes, es klang etwas erstickt, weil meine Eier ihm fast den Mund stopften.

»Auf die Knie«, befahl ich und trat zurück.

Er rutschte vom Stuhl und landete auf Augenhöhe mit meinem Harten. Auf mein Zeichen öffnete er den Mund, und ich schob ihm mein Teil ein Stück weit rein, zog es aber ein paarmal zurück, um ihn zappeln zu lassen.

»Lutschen!«, befahl ich schließlich. Sofort fing der Bengel an, meine Latte von oben bis unten abzulecken, ging mir auch mehrfach an die Eier, dann lutschte er genüsslich meine pralle Schwanzspitze. Er sabberte erstaunlich viel rum, mein ganzer Schritt triefte schon, aber mir gefiel, mit wie viel Leidenschaft er dabei war.

Die Geilheit packte mich schlagartig, als ich Hannes so an mir arbeiten sah, und ich stieß mit kräftigem Hüftschwung in seinen Mund. Ein Fehler. Der Bursche fing an zu würgen, Tränen schossen ihm in die Augen, und er hustete spontan los. Ich fürchtete schon, dass er sich beschweren würde, stattdessen hob er die Hände, als wollte er sich bei mir entschuldigen.

»Herr Lehrer, Ihr Glied, es ist zu mächtig«, keuchte er, nachdem der Hustenanfall abgeklungen war. Er spielte seine Rolle tatsächlich weiter. Und es schien ihm jetzt sogar noch viel mehr Spaß zu machen als zuvor.

»Nun«, sagte ich und klopfte ihm mit meiner Latte gegen die Wange, »dann müssen wir wohl eine andere Übung ausprobieren.«

Ich blickte mich nach einem geeigneten Hilfsmittel um. Irgendwann entdeckte ich ein lederbezogenes Pferd, wie ich es aus dem Sportunterricht kannte. Perfekt.

»Ab mit dir«, sagte ich streng, griff das Holzlineal, das auf dem Boden neben mir lag, und trieb den Burschen damit vor mir her. Am Pferd hielten wir inne und betrachteten uns in dem gigantischen Spiegel mit vergoldetem Schnörkelrahmen, der dahinter an der Wand lehnte. Er war an manchen Stellen schon blind. Das Ding unterstrich nicht nur die Atmosphäre, es wäre bestimmt auch heiß, sich darin selbst beim Vögeln zu beobachten.

Mit einem Klaps aufs Hinterteil lenkte ich Hannes zum Pferd. Von selbst wollte er sich nicht drauflegen, vielleicht wartete er auch darauf, dass ich ihn zurechtwies. So griff ich ihm in den Nacken und drückte ihn bäuchlings mit dem Oberkörper auf das Leder.

»Dann wollen wir mal sehen, ob die Rückseite mehr verträgt«, sagte ich und zog ihm die Hose runter. Sein nackter Arsch ragte vor mir auf und bekam sofort Gänsehaut in der kühlen Dachbodenluft. Glücklicherweise war das Haus gut isoliert, und von unten stieg ein bisschen Wärme aus den beheizten Räumen zu uns hoch. Sonst wären wir wahrscheinlich schon längst zu Eiszapfen erstarrt gewesen.

Mit dem Holzlineal fuhr ich ein paarmal sanft über die blassen, muskulösen Backen. Hannes erzitterte unter mir – er konnte nicht wissen, wann ich Ernst machen würde. Das Lineal sauste kreischend durch die Luft, traf klatschend auf Hannes' Arsch und ließ ihn zusammenzucken und aufschreien. Wo es ihn getroffen hatte, war ein blassroter Strich zu erkennen.

»Bitte, Herr Lehrer!«, rief er, als ich ihn das zweite Mal traf.

Drei-, viermal schlug ich rhythmisch zu, dann variierte ich den Takt, damit er das nächste Mal nicht kommen sah.

»Herr Lehrer, bitte, genug! Ich will auch ab jetzt immer meine Hausaufgaben machen!«, flehte Hannes mich an, reckte mir aber gleichzeitig seine Kiste noch offensiver entgegen. Er gefiel sich wohl wirklich in der bösen, bösen Lausbubenrolle. Konnte er haben.

Statt quer nahm ich das Lineal jetzt vertikal und klatschte ihm damit abwechselnd auf die linke, dann auf die rechte Arschbacke. Als seine Haut sich etwas stärker rötete, schien es mir genug.

Ich zog ihn von hinten ein Stückchen an mich heran, ließ das Lineal fallen und griff mir seine beinharte Latte. Kurz machte ich ihn glauben, dass ich ihn zum Höhepunkt wichsen würde, doch dann drückte ich seinen Ständer nach unten und presste ihn fest gegen das Pferd, sodass sein Schwanz zwischen seinen Beinen gegen die Seite des Pferds drängte. Über ihn gebeugt drehte ich seinen Kopf in Richtung des Spiegels, damit er beim Finale in den Spiegel sehen konnte.

»Bitte …«, setzte er noch mal an, aber ich spreizte ihm ohne Vorwarnung die Arschbacken und spuckte auf sein rosa Loch, sodass er nur noch stöhnte und wimmerte. Dann setzte ich an – die Hitze an meiner Schwanzspitze ließ mich schaudern – und rammte mein Teil in einem Rutsch in ihn.

Nach einem erstickten Lustschrei ließ ich ihn gar nicht erst Luft holen und hämmerte mich schnell und kraftvoll wieder und wieder in seinen Arsch. Jedes Mal, wenn ich gegen seine Kiste stieß, machte seine Stimme *hicks*, als säßen wir in einem Auto, das über eine Straße voller Schlaglöcher fährt.

»So stümperhaft als Bläser«, sagte ich, als ich meinen Rhythmus etwas drosselte, »so gut stellt er sich als Bückstück an. Ich denke, er hat seine Lektion gelernt.«

»Ja, Herr Lehrer«, keuchte Hannes.

Während ich ihn nun langsamer und geschmeidiger durchfickte, wendete auch ich den Kopf in Richtung

Spiegel. Es war aufregend, mich selbst beim Vögeln zu beobachten. Aufmerksam sah ich zu, wie mein Ständer aus dem engen Arsch glitt und wieder hineinfuhr, ich griff fest in die straffen Arschbacken. Diese Außensicht auf unser wildes Spiel machte mich rasend und trieb mich schon bald wieder in einen stürmischeren Takt.

Irgendwann traf Hannes' Blick in der Reflexion meinen. Seine Haare hatten sich aus dem Zopf gelöst und hingen ihm wild über das erhitzte Gesicht. Sein Mund stand offen und stieß keuchend den Atem aus.

»Dann gibt es jetzt noch eine Belohnung, weil du dich so gut benommen hast«, sagte ich, ihn im Spiegel fixierend, und stieß besonders heftig in ihn. Sein Stöhnen erfüllte den hohen Raum und drang zwischen all die uralten, schlafenden Möbel und Kisten. Irgendwo hinter uns rumpelte etwas.

»Ich hoffe, du bist bereit«, flüsterte ich, presste mich an seinen Arsch und spritzte in ihm ab. Im gleichen Moment spürte ich das Krampfen seines Körpers, der Bengel kam ebenfalls – und von der Seite donnerte plötzlich eine schrille Stimme durch die Luft.

»Ist das denn die Möglichkeit?!«

Wir zuckten zusammen und drehten entsetzt die Köpfe in die Richtung, aus der die Stimme gekommen war. Plötzlich war es ganz still. So still, dass ich es auf den Boden tropfen hörte. Mein Ständer pumpte noch immer Hannes' Arsch voll.

»Ich glaube, ich sehe nicht richtig!«, krakeelte die Stimme.

Mit zusammengekniffenen Augen erkannte ich ihn: Alberts steckte den Kopf durch die Dachbodenluke und starrte uns mit aufgerissenen Augen an.

»Oh Shit«, entfuhr es mir. Mittlerweile hatten wir beide fertig gespritzt, und mein Schwanz schrumpfte schneller zusammen, als jemals zuvor nach so einer geilen Nummer.

»Ich erwarte Sie beide hier unten«, zischte Alberts und stieg die Leiter hinab.

Hannes und ich zogen uns eilig an. Der Bengel war knallrot wie eine überreife Tomate. Bevor wir nach unten gingen, steckte er mir noch ein zusammengerolltes Bündel Scheine in die Hand.

»Bist du sicher? Ich meine, mit ›Das bleibt unter uns‹ hat es sich ja grad erledigt«, sagte ich.

»Abgemacht ist abgemacht«, erwiderte Hannes und kraxelte auch schon die Leiter runter.

»Das wird ein Nachspiel haben«, empfing uns Alberts. Er sprach jetzt sehr leise, aber offensichtlich kochend vor Wut. »Dies ist ein ordentliches Haus. Sie sollten einmal Ihre Prioritäten überdenken«, sagte er an Hannes gewandt, dann an mich: »Und Sie … *Sie!* Haben das Vertrauen maßlos enttäuscht, welches der Herr Direktor und ich in Sie gesetzt haben!«

Dass der vertrocknete, untervögelte Knacker stinkig auf mich war, ging mir herzlich am Arsch vorbei. Nur wurde mir etwas mulmig bei der Frage, ob ich für dieses Abenteuer entlassen werden würde. Ich hatte zwar schon gut was angespart, war aber immer noch planlos, wo es nach diesem Job hingehen sollte.

Hannes trat unruhig von einem Fuß auf den andern und schaute zu Boden. Ich zuckte mit den Schultern, weil ich nicht wusste, was ich zu alldem sagen sollte, und wartete darauf, was jetzt kommen würde.

»Sie haben Glück, dass der Herr Direktor heute aushäusig ist«, erklärte Alberts kalt. »Genießen Sie Ihre Schonfrist. Morgen Vormittag, elf Uhr, stehen Sie beide zum Gespräch vor seinem Büro bereit.«

Damit dreht er sich um und ließ uns stehen. Ich sah zu Hannes rüber und überlegte, wie sehr er unser Abenteuer schon bereute. Zu meiner Überraschung lächelte er mich plötzlich verschmitzt an und sagte: »Weißt du was? Das war es wert.«

Am nächsten Vormittag standen wir beide schon zwanzig Minuten vor der Frist vor dem Sekretariat. Alberts steckte hin und wieder den Kopf nach draußen, um uns mit finster zusammengekniffenen Augen zu mustern und uns wissen zu lassen, wie sehr wir in der Scheiße saßen. Wir standen schweigend nebeneinander. Hannes war etwas unruhig und trat von einem Fuß auf den andern, ging ein paar Schritte, seufzte leise und stellte sich dann wieder neben mich.

»Was ist denn hier los?«

Die Stimme kam mir bekannt vor. Ich konnte das dämliche Grinsen schon hören. Reflexhaft rollte ich mit den Augen und drehte den Kopf. Valentin stand in der Eingangspforte und spähte in unsere Richtung.

»Machst du Abenteuerurlaub in der Unterschicht,

Hannes?«, sagte er und kam näher. Er fletschte regelrecht die Zähne vor Freude. Als wäre der Spruch so originell gewesen. Hannes sagte nichts und lief nur ein bisschen rot an. Ich verschränkte die Arme.

»Komm, lass in der Freistunde was essen«, forderte Valentin seinen Kumpel auf mitzukommen.

»Kann nicht. Wir müssen gleich zu Kraft rein«, antwortete Hannes halblaut und wendete den Blick ab.

»›Wiiir‹?«, fragte Valentin langgezogen, stemmte die Hände in die Seiten und beugte den Oberkörper vor. Er glotzte uns an wie ein Archäologe, der glaubte, im nächsten Moment einen Jahrhundertfund zu machen. »Moment, Moment! Was habt ihr angestellt? Seit wann seid ihr eigentlich so dicke Freunde, dass ihr zusammen was ausfresst?«

»Wir sind keine dicken Freunde. Wir hatten nur dieselbe Idee und wurden halt beide gestern Abend erwischt, als wir beim Pool was getrunken haben«, log ich.

»Ihr habt gestern Abend ganz zufällig beide am Schwimmbecken was getrunken. Unabhängig voneinander. Und wurdet erwischt«, fasste Valentin zusammen. Er machte deutlich, dass er mir nicht glaubte, aber jetzt musste ich bei der Geschichte bleiben.

»Hast 'n Problem damit?«, giftete ich.

»Nö. Aber das ist doch Bullshit. Und ich finde schon noch raus, was ihr wirklich angestellt habt«, sagte er, jetzt wieder mit einem breiten Grinsen. »Nicht wahr, Hannes?«

›Jetzt nur nich einknicken, Junge‹, dachte ich und

schielte zu Hannes rüber. Der guckte ein bisschen hilflos, hielt aber die Klappe.

»Na dann bis später. Und viel Glück, Prollbohne«, rief Valentin im Weggehen.

Ich wartete eine Minute, ehe ich mich an Hannes wandte.

»Danke«, sagte er kleinlaut. »Fürs Dichthalten, meine ich.«

»Jaja, kein Problem.« Ich winkte ab. »Aber mal was anderes: Warum lasst ihr euch eigentlich alle so von dem Penner rumschubsen? Ich dachte, der ist dein Freund? Manchmal hab ich das Gefühl, dass er euch alle genauso runtermacht wie mich.«

Hannes sah mich überrascht an und seufzte überzogen.

»Das ist ganz einfach«, erklärte er mir dann, »er hat die einflussreichste Familie von uns allen. Du hast gar keine Vorstellung, was denen alles gehört und wen die alles kennen. Deshalb können wir es uns mit ihm nicht verscherzen. In der Geschäftswelt sind gute Beziehungen und Kooperation essenziell.«

»Aha«, sagte ich trocken. »Klingt ja echt anstrengend.«

Hannes legte den Kopf auf die eine, auf die andere Seite. Er wollte mir wohl nicht zustimmen, aber so ganz unrecht hatte ich nicht.

»Jedenfalls«, überlegte ich dann laut, »würde ich dem Kerl seine Arroganz gerne mal aus dem Leib bumsen.«

Plötzlich kicherte Hannes. Ich schaute ihn fragend an.

»In der Hinsicht ist Valentin nicht so reich beschenkt.

Er ist eine Niete im Flirten, und viele trauen sich überhaupt nicht an ihn ran, weil sie zu viel Respekt vor ihm haben.«

Mir stand der Mund offen, und in meinem Kopf ratterte es los, doch bevor ich weiter nachbohren konnte, öffnete sich die Tür des Sekretariats und Alberts winkte uns rein. Wir liefen durch den Vorraum, in dem Alberts oft zu tun hatte und der genauso trist aussah wie der alte Truthahn selbst. Dann, hinter einer massiven dunklen Holztür, in die buntes Glas eingefasst war, betraten wir Krafts Büro: ein Herrenzimmer wie in der sogenannten guten alten Zeit, voller massiver Regale, alter Bücher und mit einem klobigen Schreibtisch in der Mitte.

Kraft saß mit zusammengefalteten Händen vor dem Gesicht da und spähte uns entgegen. Alberts brachte sich hinter uns in Position und hoffte wohl darauf, bei unserem Anschiss dabei zu sein.

»Danke, Herr Dr. Alberts«, dröhnte die kernige Stimme des Direx, »ich übernehme ab hier. Wenn Sie dann den Kollegen im Multimedia-Kabinett zur Hand gehen würden?«

Alberts stammelte irgendwas, zog dann aber pflichtschuldig ab. Ich konnte mir ein Grinsen nicht verkneifen. Das war alles so schon schlimm genug, aber wenigstens würde der alte Knacker uns jetzt nicht zusätzlich nerven.

Eine Weile blickte uns der Direx abwechselnd an. Hannes wurde spürbar unruhig, ich gab mir Mühe, nicht zu viel rumzuzappeln. Reue heucheln wollte ich nicht.

Warum auch? Schließlich bereute ich nichts. Und was hätte das auch genutzt? Was mich jedoch mit der Zeit ein bisschen wahnsinnig machte, war das Ticken der antiken Uhr, die in einer Ecke stand. Ich wollte das Ganze möglichst schnell hinter mich bringen, damit ich endlich überlegen konnte, wie es, je nach Ausgang, weitergeht.

»Wie mir zu Ohren gekommen ist, haben Sie sich unerlaubt im Dachgeschoss des Hauses aufgehalten und sind dort … in unserer Institution unüblichen Beschäftigungen nachgegangen«, sagte Kraft endlich.

»Ja, Sir«, antwortete Hannes heiser. Ich zuckte nur leicht mit den Schultern.

»Was genau haben Sie dort oben getrieben?«

Wir sahen uns an, dann wieder den Direx. Hannes schien spontan verstummt zu sein, also sagte ich: »Das hat Al… ich meine: Dr. Alberts doch sicherlich erzählt, oder?«

Kraft legte jetzt die Hände flach auf den Schreibtisch.

»In der Tat, allerdings drückte er sich dabei etwas, wie soll ich sagen? Seine Beschreibung war nicht direkt anschaulich. Ich möchte es von Ihnen beiden hören.«

›Scheiß drauf‹, dachte ich. Er wollte uns offensichtlich vorführen, aber für so ein Spiel hatte ich echt keinen Nerv.

»Na ja, wir haben gefickt.«

Hannes sah entsetzt zu mir rüber und keuchte. Meine Augen waren fest auf Kraft gerichtet, und obwohl der Kerl echt eine einschüchternde Aura hatte, blieb ich ganz ruhig.

»Wenn Sie das bitte näher ausführen würden.«

»Wie jetzt?« Wollte der ernsthaft eine genaue Beschreibung unseres Sexabenteuers hören? Neben mir hörte ich Hannes' Schnappatmung und hoffte einfach nur, dass der Bengel nicht im nächsten Augenblick kollabieren würde. Kraft wartete auf eine Antwort.

»Also, erst haben wir ein Rollenspiel gemacht, dann hat er mir einen geblasen, und am Ende hab ich ihn auf dem alten Pferd, das da rumstand, von hinten durchgenommen. Tut mir leid, wenn das gegen die Hausregeln war, aber vielleicht haben Sie ja Verständnis, dass man sich in unserem Alter manchmal abreagieren muss.«

»In der Tat«, sagte Kraft und lehnte sich jetzt nach vorne, »ist mir dieses Bedürfnis alles andere als unbekannt. Welcher Art war dieses Rollenspiel, das Sie erwähnt haben?«

»Ganz klassisch: Er war der ungezogene Schüler, ich der fiese Lehrer, der ihn bestraft.«

Auf Krafts Lippen zeichnete sich ein halbes Lächeln ab. Mir kam dieses Verhör einfach absurd vor, sollte er uns doch endlich verraten, was er mit uns vorhatte. Mit einem Winken bedeutete er uns, näher an seinen Tisch zu treten. Was wir taten. Hannes hechelte noch ein wenig, schien sich aber langsam einzukriegen. Ich nickte ihm aufmunternd zu.

»Sicherlich fragen Sie sich, was aus Ihrem Verhalten folgen wird«, sagte Kraft.

Nein! Überhaupt nicht!

»Da unsere Institution als vordringlichstes Ziel hat, die

Schüler auf das Leben da draußen vorzubereiten, will ich mich einmal selbst davon überzeugen, ob Sie Ihre Sache auch richtig gemacht haben.«

Das verschlug mir nun ebenso die Sprache. Wir sahen wohl aus wie die zwei Fragezeichen, denn Kraft schien sich zusehends über unseren Anblick zu amüsieren.

»Ich weiß, Sie sind kein Schüler unseres Instituts«, sagte er zu mir, als wäre das die Frage gewesen, »sehen Sie es daher als Sonderleistung, dass Sie an dieser Bildungsmaßnahme teilnehmen dürfen.« Er machte eine Bewegung mit dem Zeigefinger, von oben nach unten. »Also, runter mit den Hosen.«

Eigentlich hätte ich lachen wollen, aber ich war selbst dafür zu baff. Hannes schnappte neben mir wieder heftig nach Luft. Mich reizte die Entwicklung der Dinge zu sehr, um nicht drauf einzusteigen. Hosen hatte ich keine an, sondern meinen Blaumann, also zog ich den Reißverschluss runter, streifte die Ärmel ab und entledigte mich der Thermounterwäsche. Krafts Augenbrauen wanderten weit nach oben, als er den ersten Blick auf meinen Schwanz warf.

Hannes war wie erstarrt und reagierte erst, als ich ihm einen Klaps auf die Schulter gab. Unbeholfen öffnete er seinen Hosenstall und ließ die Anzughose auf seine Schuhe runtergleiten. So standen wir also halbnackt vor dem Direx und warteten auf weitere Anweisungen.

»Die Ausstattung ist ja offensichtlich … angemessen«, sagte Kraft und lehnte sich genüsslich in seinem Stuhl zurück, abwechselnd meinen, dann wieder Hannes'

Schwanz betrachtend. »Dann prüfen wir als Nächstes am besten die Funktionstüchtigkeit. Na los, ich will zwei pralle Erektionen sehen.«

Wer hätte gedacht, dass der Direx so ein geiler Bock war? Es machte mich an, mit welcher gespielten Gleichgültigkeit er uns aufforderte, vor ihm zu wichsen. Die Maske bröckelte aber das erste Mal, in seinen Augen erkannte ich ein lustvolles Aufblitzen.

Ich langte mir beherzt an den Schwanz, während Hannes nur zögerlich an seinem Teil rumzupfte. Rasend schnell hatte ich eine Dreiviertellatte. Der prüfende Blick des geilen Direx auf uns machte mich langsam richtig an.

»Aber, aber«, unterbrach er uns, »bitte – helfen Sie sich ruhig gegenseitig.«

Grinsend guckte ich Hannes an. Weil der so gar nicht reagieren wollte, trat ich nah an ihn ran und packte ihm an die Eier. Seufzend erzitterte er und schloss die Augen. Zaghaft tastete auch seine Hand nach meinem Schwanz und packte nach ein paar Sekunden endlich zu. So wichsten wir uns vor Kraft die Schwänze hart, und schon nach wenigen Minuten spürte ich, dass in Hannes Aufregung und Geilheit zu brodeln anfingen.

Während wir uns gegenseitig bearbeiteten, stand Kraft auf und kam um den Tisch herum. Im Vorbeigehen streichelte er Hannes' kleinen Hintern, griff einmal fest in sein Fleisch, mir zwickte er in den Nippel, bevor er zufrieden nickend auf unsere Ständer runterguckte.

Als er in die Knie ging, konnte ich es gar nicht glauben: Wollte der allseits respektierte, ja gefürchtete Direx uns ernsthaft einen lutschen? Bevor ich kapieren konnte, was da abging, hatte er Hannes' dicken Prügel in der Hand und leckte über die Eichel, während er mich mit der anderen Hand wichste. Hannes keuchte vor sich hin, wollte schon in Krafts dunkle Haare greifen, zuckte dann aber zurück. Ungläubig sah er zu, wie sein Teil in Krafts Schlund verschwand und wieder auftauchte.

Irgendwann zog Kraft mich näher ran und begann, uns abwechselnd zu blasen. Ich war weniger schüchtern als der schnöselige Bursche und fuhr dem Direx ein paarmal über den Schädel. Sein kehliges Grunzen bestätigte mir, dass ihm das durchaus gefiel.

Als unser beider Schwänze vor Krafts geöffnetem Mund aneinanderstießen und er uns mit langsamen, kräftigen Zügen wichste, stöhnte Hannes auf einmal los und zitterte ein bisschen. Der Direx verschlang unsere Eicheln gleichzeitig, und im nächsten Moment spürte ich eine große Hitze. Hannes spritzte dem Schulleiter geradewegs ins Maul!

Genüsslich leckte uns Kraft sauber, bevor er sich mit dem Handrücken den Mund abwischte und zufrieden lächelnd aufstand. Hannes war in Windeseile schlaff geworden, aber meine Latte ragte noch immer beinhart empor, mit heftigem Zucken.

»Das ging unerwartet schnell«, kommentierte Kraft und spielte an Hannes rum, »aber in Ihrem Alter … Gut, testen wir die übrigen Qualitäten.«

Binnen einer Sekunde legte er Hannes bäuchlings über seinen Schreibtisch, nahm weiß der Himmel woher eine kleine Flasche Gleitgel und schmierte dessen Spalte großzügig ein. Der süße Sunnyboy wusste gar nicht, wie ihm geschah, und auch ich blinzelte nur erstaunt. Kraft ließ die Hose runter, und ein praller, prächtiger Ständer sprang hervor. Und eh ich's mich versah, spießte er Hannes mit seinem Teil auf, dass der Bengel nur so quiekste.

»Sehen Sie genau hin«, sagte Kraft mit einem Blick zu mir, während er betont langsam, aber dafür umso tiefer Mal um Mal in den engen Arsch stieß. Die Muskeln in seinen kräftigen Oberschenkeln zeichneten sich deutlich ab, und ich sah seinen Bewegungen fasziniert zu. Das entging dem geilen Bock nicht. »Sie dürfen ruhig anfassen, trauen Sie sich«, forderte er mich auf.

Ich trat näher ran, sah aus nächster Nähe zu, wie er Hannes aufbohrte, der die Finger um die Tischkante krallte und wie von Sinnen »Ja, ja, JA!« schrie. Gierig berührte ich Krafts Schenkel, fuhr die Muskelstränge nach und griff an seine üppigen, leicht behaarten Arschbacken, die so muskulös und ausladend waren, dass ich sie kaum umfassen konnte. Unter meiner Berührung bekam der Direx eine Gänsehaut, und die Härchen kitzelten auf meiner Handfläche.

Sein Rhythmus wurde schlagartig viel schneller, er fickte Hannes schnaubend wie ein wilder Stier gegen seinen Schreibtisch, der Kopf des Burschen wippte wild auf und ab – und dann plötzlich stoppte der Direx. Mit der Hand fuhr ich zwischen seine Schenkel und fühlte, wie sein Schwanz pulsierte.

»Merken Sie sich, was Sie gelernt haben«, sagte Kraft,

während er noch kam und sah mich durchdringend an. »Und Sie«, fuhr er fort, dabei zog er sich aus Hannes zurück und griff ihm an den mittlerweile wieder harten Schwanz und wichste ihn kurz, »müssen lernen, auch mal die Zügel in die Hand zu nehmen.« Ohne weiteren Kommentar positionierte er sich jetzt selbst auf dem Schreibtisch, griff sich an den Hintern und präsentierte uns seine Spalte. Mit wenigen Handgriffen hatte er sich den Arsch geschmiert und guckte über die Schulter zu Hannes, der keuchend neben mir stand.

»Los jetzt, stoßen Sie zu!«

Ich fing an, meinen Harten zu bearbeiten. Das alles fühlte sich an wie ein feuchter Traum, und mir schwirrte der Kopf. Nach einem beherzten Schlag von mir auf den Arsch trat Hannes endlich hinter den Direx und stocherte mit seinem Teil an dessen Loch rum.

»Zustoßen, habe ich gesagt«, befahl Kraft. Irgendwie schaffte Hannes es nicht, ihn reinzuschieben.

»Nu mach, sonst fliegst du noch von der Schule«, sagte ich grinsend. Dafür, dass er aussah wie der typische Aufreißer aus dem Sportklub, war der Bursche ganz schön unbeholfen. Nervös fuhr er sich durch die langen Haare.

»Aber ich habe noch nie …«

»Was? Ihn reingesteckt?« Hannes nickte. Ich kam näher, brachte sein Teil in Position und gab ihm einen kräftigen Klaps auf den Hintern. Und schon steckte er ein paar Zentimeter drin. »Siehst du, is ganz einfach und macht Spaß.«

Kraft dauerte das alles zu lange. Er drängte seinen muskulösen Hintern gegen Hannes, bis das Teil ganz in ihm verschwunden war. Fast wie unter Schmerzen stöhnte der Bursche auf, sank für einen Moment über Kraft zusammen und erzählte uns, wie gut sich das anfühlte.

Und dann war er wie ausgewechselt: Energisch packte er Kraft an den Hüften und nahm einen polternden Rhythmus auf. Mehrfach kam er aus dem Takt, die Aufregung stand ihm ins Gesicht geschrieben, doch er hatte in jedem Fall seine helle Freude an dem Ritt.

»Stoßen Sie härter zu!«, sagte der Direx donnernd. »Mehr Tempo! Tiefer! Das ist ja ganz nett, aber ich spüre nicht viel.«

Hannes mühte sich nach Kräften ab. Wie ein Karnickel hing er auf dem breiten Kerl unter sich und hämmerte in seinen Arsch. Ich wichste mein Teil beim Zusehen und hätte jeden Moment abspritzen können, riss aber, wenn ich kurz davor war, die Hand weg. Dieses Schauspiel wollte ich noch länger genießen.

»Ja, schon ganz gut, aber legen Sie ruhig noch mehr Kraft rein. Keine falsche Zurückhaltung«, kommentierte der Direktor und riss seine Arschbacken mit den Händen auseinander.

Das war für Hannes offensichtlich zu viel, unter Schütteln und Wimmern entlud er sich in der nächsten Sekunde in den geilen Bock und fiel dann schlagartig in sich zusammen. Kraft schob ihn zurück und setzte Hannes mit hochrotem Kopf auf einen Stuhl.

»Potenzial ist da. Arbeiten Sie an Ihrer Ausdauer«, kommentierte er, als ginge es um die neue Bestzeit beim

Wettlauf. »Jetzt Sie«, sagte er und lag schon wieder auf dem Tisch. Nach der Nummer eben war ich mir sicher, dass der Typ einiges vertrug. Trotzdem war ich gespannt, wie er auf meinen reagieren würde, immerhin war ich doch eine Nummer üppiger ausgestattet als Hannes.

Ein Tropfen Sperma rann zwischen Krafts Arschbacken herab. Ich nahm ihn mit der Eichel auf und fuhr geschmeidig in das erhitzte Loch.

»Uff«, entfuhr es mir. Obwohl Hannes den Kerl schon mächtig aufgefickt hatte, war sein Arsch so eng, dass ich Mühe hatte, ganz in ihn einzudringen. Ich biss mir auf die Unterlippe, um nicht sofort abzuspritzen. Nach einigen Sekunden war die Gefahr vorüber, und der Direx bewegte schon ungeduldig die Hüften.

Ich begann, den Typen genauso energisch durchzunehmen, wie ich es mit Hannes auf dem Dachboden getan hatte. Offenbar gefiel dem Kraftpaket, wie ich mich anstellte, der Kerl grunzte zufrieden und rief nur hier und da »Härter!« oder »Tiefer!« und schließlich: »Ja, genau so!«

Mir trat der Schweiß auf die Stirn, das Tempo zu halten war irre anstrengend, aber dass der Direx nach einer Weile ungehemmt zu stöhnen anfing, statt alles mit seiner Lehrerstimme zu kommentieren, trieb mich an.

Als ich merkte, wie mir der Saft hochkochte, zog ich meine Latte raus und spritzte zwei-, dreimal auf Krafts erzitternde Arschbacken, bevor ich mich wieder in ihn rammte und ihm den Rest in den Arsch pumpte.

Völlig außer Atem ging ich in die Knie. Um mich rum

drehte sich alles. Der Direktor drehte sich um, winkte Hannes heran, der sich neben mich kniete, und musterte uns jetzt wieder mit alter Strenge.

»Ich denke«, sagte er halblaut und wichste sein fettes Teil, »damit können wir die Sache auf sich beruhen lassen. Ihre Lektion haben Sie ja gelernt, nicht wahr?«

Eifrig nickten wir. Und als Kraft uns sein Sperma kehlig stöhnend über die Gesichter spritzte, öffneten wir gierig unsere Münder, leckten uns die Lippen und schließlich das schwere Gehänge des wilden Bocks sauber.

Kapitel 8: Spritztour

Der Winter ging, und der Frühling kam, und bald war es in der Mittagssonne schon bullig warm. Die dicken Schneedecken, die vor gar nicht allzu langer Zeit alles in Weiß gehüllt hatten, kamen mir wie ein ferner Traum vor.

Nach der Nummer mit dem Direx ließ Alberts mich endlich in Ruhe. Ich weiß nicht, was er ihm gesagt hat, aber der fiese Knacker stierte nur noch aus der Ferne missbilligend in meine Richtung, verkniff es sich aber, mir ständig Arbeitsanweisungen zu geben oder mir reinzuwürgen, dass ich kein reicher Bengel mit Oberschichterziehung war.

Was ich absolut nicht erwartet hatte: Irgendwann, als ich gegen Ende des Winters in der Stadt war, um wieder einen Teil meiner Extraeinnahmen einzuzahlen, schaute ich auf mein Konto und staunte nicht schlecht. Wie erwartet war mein Gehalt eingegangen – und ein unanständig hoher Bonus noch dazu. Als Verwendungszweck war angegeben: »Sonderzahlung für Zusatzarbeiten«.

Kurz japste ich, sodass sich alle Köpfe in der Bank zu

mir umdrehten, als ich die Bemerkung las, die noch in Klammern dahinterstand: »(Bei neuerlicher Leistung wiederholbar!)«

Okay. Nicht nur, dass ich den reichen Bengeln das Fickloch und damit auch das Portemonnaie öffnete. Jetzt war auch noch der Direx höchstpersönlich in den Kreis meiner »Kunden« eingetreten.

Dann und wann schlich ich mich nach dieser Entdeckung durchs Sekretariat, wenn Alberts nicht da war, und klopfte leise an Krafts Tür. Beim ersten Mal hatte mir das Herz bis zum Hals geschlagen. Obwohl ich mir sicher war, dass die Zahlung vom Direx sein musste, war da eine klitzekleine Unsicherheit gewesen, die leise, aber aufdringliche Angst, dass die Überweisung gar nicht für mich bestimmt gewesen war und ich mittenrein ins Desaster schlitterte.

Doch weit gefehlt. Als ich eintrat, stand Kraft mit dem Rücken zu mir am Fenster und tippte irgendwas auf seinem Smartphone. Mit angehaltenem Atem wartete ich darauf, dass er sich zu mir umdrehte. Ich hörte ein Rascheln, ein kurzes Zipp, und nachdem das Handy in seiner Gesäßtasche verschwunden war, wandte sich der Kerl endlich um mit den Worten: »Sie haben ja lange genug auf sich warten lassen.« Sein fetter Schwanz stand ihm hart aus dem Hosenstall.

Vom Blaskonzert über den Fick auf dem Schreibtisch bis zum versauten Piss- und Spermaspiel trieb ich alles Mögliche mit dem geilen Bock. Jedes Mal durfte ich mich ordentlich in seiner Muskelkiste austoben – aber seltsamerweise wollte Kraft mir sein Teil nie reinschieben. Allzu häufig waren meine Besuche leider nicht. Alberts schlich die meiste Zeit wie ein Wachhund in der Nähe des Büros des Direktors rum und wurde schon misstrauisch, wenn ich tatsächlich nur wegen irgendeiner Frage zum Job vorbeikam.

Ein paar untervögelte Kerle vermittelte mir auch weiterhin Andrea, allerdings war der Sex mit ihnen im Vergleich zum Direx eher unspektakulär, wenn auch für kurze Zeit befriedigend. Der Wrestler mit dem Kostümfetisch meldete sich sogar ein zweites Mal bei mir. Ich war einer außergewöhnlichen Nummer nicht abgeneigt, dachte mir aber, für den Mehraufwand soll er ruhig auch mehr zahlen. Übermütig, wie mich die letzten Monate gemacht hatten, sagte ich ihm, mein Preis habe ich verdoppelt. Und gegen jede Erwartung akzeptierte er die neuen Bedingungen ohne Wenn und Aber.

Mit den Bonuszahlungen, die ich nach jedem Ritt im Chefbüro bekam, wuchs mein finanzielles Polster, das ich für die Zukunft so dringend brauchte, mehr und schneller. Einziges Problem: Mir war noch immer nicht klar, was ich nach der Zeit im Internat eigentlich machen wollte. Zumindest bis Ostern kam.

Wie schon an Weihnachten leerte sich der Campus, als es auf Karfreitag ging. Und wieder lagen mir meine Eltern in den Ohren, dass ich sie doch unbedingt zu Hause besuchen sollte. Vielleicht war es gemein von mir, aber ich hatte keine Lust auf den Kleinstadtmief und fand wieder eine an den Haaren herbeigezogene Ausrede, warum es leider, leider absolut gar nicht passte.

Kurz vor den Feiertagen fläzte ich also in einem Liegestuhl vor meinem Poolhäuschen und las in einem der Bücher, die ich mir in der Stadt gekauft hatte. Mittlerweile bestellte ich mir bei der verknöcherten Buchhändlerin ganz schamlos selbst die deftigsten Erotikromane, dystopische Science-Fiction und auch einige Klassiker, die zu lesen ich mich verpflichtet fühlte, auch wenn sie meistens nur mittelmäßig spannend waren. Sollte sie doch denken, was sie wollte, immerhin spülte ich ihr ordentlich Kohle in die Kasse.

Ich war also ganz gut auf die einsame Zeit vorbereitet und hatte schon meinen Frieden damit gemacht, dass ich auf Zwangsfickpause gesetzt sein würde. Beim Lesen drifteten meine Gedanken irgendwann ab. Mir fiel mein Schulfreund Nico ein, von dem ich schon ewig nichts mehr gehört hatte und den ich, wenn ich ganz ehrlich war, seit einer Weile auch nicht mehr wirklich vermisste. Ein kleines schlechtes Gewissen meldete sich. Und so schrieb ich ihm eine lange Nachricht, fragte, wie es ihm ging, ob wir nicht mal telefonieren, uns in ein paar Wochen vielleicht sogar mal treffen wollten. Nachdem ich auf Senden gedrückt hatte, sah ich hoch in den Himmel.

Pling.

Hatte Nico so schnell geantwortet? Ich schaute aufs Display. Eine Nachricht von Andrea.

»Was machst du?«

»Nichts. Eine ruhige Kugel schieben, bis es hier nach den Feiertagen weitergeht.«

Ich sah, dass er eine Antwort schrieb, und fragte mich, was er jetzt schon wieder vorhatte.

»Falsche Antwort. Pack ein paar Sachen, wir fahren weg. In einer Stunde an meinem Wagen.«

Der Kerl konnte ganz schön herrisch sein. Auf eine süße Art, der ich nicht widerstehen konnte. Viel Zeug hatte ich eh nicht, also stopfte ich, was so rumlag, in meine Reisetasche und war zur verabredeten Zeit am Parkplatz.

Von Andrea war nichts zu sehen. Ich checkte die Zeit und fragte mich schon, ob er mich versetzte. Nach zwanzig, dann dreißig Minuten überlegte ich, ob ich ihn irgendwie verärgert hatte. Meine Nachrichten las er nicht, und als ich anrief, war besetzt. Wollte er mir plötzlich auch eins auswischen, so wie seinen Mitschülern, die ich heimlich fickte, damit er etwas gegen sie in der Hand hatte? Mir wurde flau im Magen. Es war so gut gelaufen in letzter Zeit. Das war in vielen Romanen genau der Punkt, an dem der Held einen herben Rückschlag erlitt. Allein auf dem fast leeren Parkplatz spürte ich ein Gefühl der Einsamkeit an mir hochkrauchen.

Und dann sah ich endlich Andrea die Prachtstraße entlangflitzen. Er preschte mit einem Rollkoffer auf mich zu, der hüpfte und sich fast überschlug, dabei winkte er aufgeregt und rief etwas, das ich nicht verstand.

»Sorry, sorry, sorry«, hechelte er, als er vor mir stand, und stützte sich auf seinen Knien ab.

»Alles gut. Was ist denn los?«, fragte ich.

Einen Moment dauerte es, bis er zu Atem gekommen war. Dann erklärte er mir, dass er sich am Telefon mit seinen Eltern gezofft hatte.

»Sie wollen unbedingt, dass ich über die Feiertage nach Hause komme und an irgendeinem unfassbar wichtigen Event teilnehme, um Leute kennenzulernen, die mir für meine Karriere nützlich wären«, sagte er. »Nicht, dass ich ihnen nicht schon tausendmal erklärt hätte, dass ich auf eine Karriere im Management oder an der Börse nicht die geringste Lust habe.«

»Klingt ja übel«, sagte ich.

»Das ist mir egal. Nächsten Sommer verschwinden wir sowieso.«

Ich legte den Kopf schief. Andrea beäugte mich kritisch.

»Mach jetzt keinen Rückzieher«, sagte er leise. Ich hob beschwichtigend die Hände, schließlich hatte ich das nicht vorgehabt.

»Lass uns losfahren«, antwortete ich, um das Thema für den Moment zu beenden. »Wo geht's hin?«

Plötzlich lächelte Andrea verschwörerisch. Und gab, natürlich, keine genaue Antwort.

»Das siehst du noch früh genug.«

Einige Autostunden später wusste ich, dass wir uns in irgendeiner Großstadt befanden. Weil ich zwischendurch eingeschlafen war, hatte ich keinen Dunst, über welche Autobahn wir hier gelandet waren, und Andrea hatte zu viel Spaß daran, mich noch ein bisschen länger im Ungewissen zu lassen, um das Geheimnis zu lüften.

»Frankfurt«, sagte ich, als ich endlich die Skyline erkannte. »Romantischer Städtetrip, wie ein Pärchen.«

»Genau«, sagte Andrea, ohne von der Straße wegzusehen. Eigentlich hatte ich ihn aufziehen wollen, aber die Ernsthaftigkeit, mit der er meine witzelnde Bemerkung bestätigte, ließ meine Kopfhaut kribbeln und mich verstummen.

Wir checkten in einem Fünf-Sterne-Hotel ein, dessen Foyer in jeder Ecke glitzerte und glänzte, überall war irgendwas vergoldet, Holzoberflächen waren schimmernd poliert. Mir tränten schon die Augen vor so viel Gefunkel. Da kam eben doch ein bisschen der Bonzenbengel durch, der Andrea trotz allem war. Bei ihm fand ich es aber süß, weil er offensichtlich nicht darauf abzielte, mich zu beeindrucken oder vor mir anzugeben.

Die Frau an der Rezeption lächelte mechanisch. Trotzdem ließen ihre Seitenblicke auf mich keinen Zweifel daran, dass sie meine Anwesenheit mindestens für seltsam hielt. Wie es sich für einen guten Lakai gehört, sagte sie aber nichts und übergab uns überzogen freundlich die Karte, die das Zimmer öffnen würde. Pack genug Geld auf den Tisch, und jeder ist arschfreundlich zu dir. Mir war klar, warum die ganzen Bonzen darauf standen, aber mich langweilte das nach einigen Monaten in der Luxusschule über alle Maßen.

In der Suite angekommen, stockte mir der Atem. Die

Unterkunft war größer als die Wohnung, in der ich mit meinen Eltern gewohnt hatte. Wahrscheinlich kostete die halbe Einrichtung mehr, als wir alle drei an Jahresgehalt verdient hatten.

Kaum war die Tür hinter uns ins Schloss gefallen, warf Andrea seinen Koffer von sich, riss mir die Tasche aus der Hand und begann, mich auszuziehen. Mit so einem stürmischen Übergang hatte ich nicht gerechnet, ich stolperte und krachte gegen die Tür. Was Andrea nicht aufhielt.

Oben ohne und mit der Hose in den Kniekehlen, lehnte ich bald an dem kühlen Holz und beobachtete, wie Andrea sich in meinem Schritt zu schaffen machte. Schon die ganze Fahrt hierher hatte ich einen Halbsteifen gehabt, also dauerte es keine dreißig Sekunden, bis sich mein Ständer vollends erhob.

Andrea saugte und lutschte mir wild an den Eiern, gerade so viel, dass es ein bisschen zwirbelte, doch nicht so sehr, dass es schmerzhaft wurde. Der Bursche wirkte zwar wie wild geworden, wusste aber immer noch ganz genau, was er da tat. Ich schloss die Augen und genoss still seine geile Behandlung.

Als er schließlich meine Latte verschlang und ich die feuchte Hitze um meinen Schaft spürte, musste ich ihn stoppen.

»Hey … Hey, nich so schnell«, sagte ich, »du machst das ’n bisschen zu gut. Ich brauch ’ne Pause, sonst isses gleich vorbei.« Mein Teil zuckte, wie um meine Feststellung zu bestätigen.

Plötzlich schoss Andrea an mir hoch, zog meinen Kopf

zu sich runter und gab mir einen Kuss. Dabei zog er meine Hände auf seinen Hintern. Durch die Hose knetete ich seine knackige Kiste.

»Dann aufs Bett«, flüsterte er mir zu. »Ich will dein Teil in mir.«

Als wäre Andrea meine Braut und das hier ein Hollywood-Schinken, griff ich mir den Kerl und schwang ihn auf meine Arme, noch ehe er wusste, wie ihm geschah. Während ich ihn so zum Bett trug, kicherte er begeistert und strampelte ein bisschen. Dann warf ich ihn auf die riesengroße Matratze, die unter ihm mächtig federte, und begann, ihm buchstäblich die Klamotten vom Körper zu reißen.

Ich betrachtete den nackten Kerl so genau, als wollte ich ihn mit Blicken auffressen. Bevor ich den Anblick seines prallen Ständers genießen konnte, drehte sich Andrea in einem Satz auf den Bauch und reckte mir sein Hinterteil entgegen. Mein Schwanz war mehr als bereit für einen hemmungslosen Fick – aber aus irgendeinem Grund war mir plötzlich gar nicht mehr danach.

Ich drehte Andrea wieder auf den Rücken und sah ihm in die Augen. Er wirkte ungeduldig, wand sich unter mir, aber ich hielt ihn an den Schultern fest. Als er gar nicht mehr verstand, was ich von ihm wollte, sagte er: »Was ist? Ich bin bereit!«

»Ich kann total verstehen, dass du meinen Dicken spüren willst«, sagte ich selbstgefälliger, als ich es meinte, »aber heute … probieren wir mal was andres aus.«

Damit schob ich ihn weiter in die Mitte des Betts und

kroch hinterher. Meine Lippen wanderten die Innenseite seines Oberschenkels entlang. Ich achtete darauf, ihn mit meinen Bartstoppeln nicht zu sehr zu kratzen, und arbeitete mich zu seinen Eiern vor. Vom Sack leckte ich genüsslich seinen Schaft nach oben bis zur Spitze. Während ich sein Teil verschlang, pressten sich Andreas Schenkel gegen meine Schläfen, öffneten sich wieder. Ich spürte, wie sein Körper sich anspannte, je weiter ich mich an dem Ständer nach unten arbeitete.

›Meine Fresse, ist das ein fettes Teil‹, schoss es mir durch den Kopf. Für einen eher unterdurchschnittlich großen, schmalen Bengel bestand Andrea zu einem erstaunlich großen Teil aus Schwanz. Ob ich mir da zu viel vorgenommen hatte?

Sobald ich ihn ausreichend nass gelutscht hatte, stieg ich über Andreas Schritt und ließ seinen Ständer meine Arschspalte entlanggleiten. Andrea hatte die Arme ausgebreitet und guckte erwartungsvoll zu mir hoch.

»Heute will ich mal deinen spüren«, sagte ich. Hinter meinem Rücken positionierte ich seine Eichel und drängte langsam mit dem Hintern dagegen. Im ersten Moment ging es gut, dann zwiebelte es plötzlich gewaltig – aber ich sah gar nicht ein, jetzt aufzugeben.

Nach ein paar Runden Auf und Ab konnte ich immer mehr von dem prallen Prügel in mich aufnehmen. Der letzte Schwanz in meinem Arsch war der von Hoshi gewesen. Das hatte sich geil angefühlt, aber das hier war ein anderes Kaliber. Und damit meine ich nicht die Schwanzgröße. Also, nicht nur.

Nein, ich brannte darauf, Andrea viel näher zu kommen als bisher. Mit jeder Sekunde wurde das Verlangen größer, und als er mich endlich ganz ausfüllte, zuckte mein Ständer heftig. Ich biss mir auf die Unterlippe und kniff die Augen zusammen, aber es half nichts, ich spritzte unkontrolliert auf Andreas Körper und sackte dann auf ihm zusammen, zitternd und noch lange nicht befriedigt. Ich spürte, wie er die Arme um mich schlang und sein Herz unter mir wummerte.

Wie im Rausch riss ich ihn herum, sodass er auf mir lag, sein Schwanz steckte noch immer halb in mir. Ich spreizte die Beine und fuhr ihm über den Rücken. Andrea rührte sich nicht und atmete nur schwer.

»Jetzt mach schon«, sagte ich heiser und fuhr ihm mit den Fingerspitzen über den Rücken. Er bekam eine irrsinnige Gänsehaut und stieß ein paar undefinierbare Laute aus. Dann begann er endlich, sich zu bewegen. Ganz langsam.

Mit halb geöffneten Augen betrachtete ich sein errötetes Gesicht über mir und spürte jedem Stoß nach, mit dem er sich tief in mich bohrte. Das war schon gut, aber noch immer nicht genug. Irgendwann schlang ich die Beine um ihn und kreuzte sie über seinem kleinen, muskulösen Hintern. Wahrscheinlich sah es ein bisschen lustig aus: Der keine Italiener, der die zu hoch gewachsene, straßenköterblonde Bohnenstange durchnimmt.

»Stelle ich mich blöd an? Soll ich schneller machen?«, fragte Andrea. Seine dunklen Augen ließen mich alles um uns herum vergessen. Es war mir egal, dass wir in einem sündhaft teuren Hotelzimmer vögelten, es hätte genauso gut eine halb eingestürzte Baracke, eine Waldwiese oder eine Schiffskajüte sein können. Und es war auch egal, dass er ein Sohn aus gutem Hause war und ich nur ein Arbeiterbengel. Das alles war so was von zweitrangig.

»Nein.« Ich bekam kaum einen Ton heraus, die Geilheit, die Wärme seines Körpers, das heiße, harte und zugleich sanfte Gefühl in mir, all das überwältigte mich. »Mach genauso weiter.«

Ich weiß nicht, wie lange wir so vögelten. Andrea wechselte hin und wieder das Tempo, und sofort fühlte sich sein Körper wieder aufregend und neu an. Irgendwann war das Sperma auf seinem Bauch und seiner Brust angetrocknet. Andrea machte ein Gesicht, als würde er jeden Moment abspritzen. Vielleicht war er auch schon gekommen und fickte mich einfach weiter. Der Moment fühlte sich gleichzeitig ewig lang und viel zu kurz an.

Dann, nach einer Ewigkeit oder vielleicht auch nur nach ein paar Minuten, kam ich ein zweites Mal. Mir wurde heiß und kalt, und dann sank Andrea auf mir zusammen. Eine Weile lagen wir nur so da. Schliefen ein und wachten ein paarmal wieder auf.

Und dann gingen wir raus, um Pizza zu essen.

»Sag mal, wegen vorhin«, fing ich an. Andrea sah von seinem Teller auf, den er gierig schon halb leergeputzt hatte, nicht ohne Beschwerden darüber, dass dieses Machwerk in Italien den Namen »Pizza« nicht verdient hätte. »Ich mach bestimmt keinen Rückzieher. Aber willst du wirklich mit mir abhauen, oder geht es eigentlich nur darum, dass du deinen Eltern eins auswischen willst?« Ich fürchtete, in ein Bienennest gestochen zu haben. »Ich will nicht, dass du's später bereust.«

»Ersteres. Ganz sicher«, sagte er zu meiner Überraschung voller Überzeugung und schlang noch ein Stück Pizza hinunter.

»Okay, cool.« Ich überlegte. Das Thema war für ihn damit wohl erledigt. »Aber wir haben immer noch keinen Plan, was wir machen wollen.«

Das angekaute Pizzastück sank auf den Teller zurück, Andrea sah mich jetzt direkt an.

»Also ich weiß sogar ziemlich genau, was ich dann machen will. Du immer noch nicht?«

Gut. Das kam unerwartet und hatte mehr als gesessen.

»Dann müssen wir das wohl rausfinden. Und zwar bis zum Ende der Feiertage«, erklärte Andrea fröhlich. Ich grübelte den restlichen Abend und auch die Nacht durch, aber statt auf irgendeine sinnvolle Idee zu kommen, verhedderten sich meine Gedanken nur mehr und mehr. Nachdem ich kaum ein Auge zugetan hatte, wachte ich am nächsten Morgen viel zu früh auf. Völlig gerädert stapfte ich ins Bad, um mir die Zähne zu putzen. Und ahnte noch nicht, dass der Knoten genau heute platzen würde.

Als es fast schon Mittag war, machten wir uns endlich auf den Weg in die Stadt. Andrea war zwar nicht lange nach mir im Badezimmerspiegel aufgetaucht, aber… Nun ja, einen Fick in der Dusche, ein ausgiebiges Frühstück am überladenen Buffet und dann noch einen Fick auf und vor dem Bett später war es plötzlich schon kurz vor zwölf.

Wir besuchten ein Museum, das Andrea begeisterte und mich mit absurden Skulpturen und Gemälden hauptsächlich verwirrte, dann aßen wir Mittag, aber diesmal an einer Imbissbude. Darauf bestand ich, immerhin konnte es Andrea nicht schaden, mal einen Eindruck davon zu bekommen, wie es sich lebt, wenn nicht alles um einen herum Saus und Braus ist.

Und dann passierte es: Wir standen irgendwo mitten in der Stadt, ich hatte vollkommen die Orientierung verloren, und vor uns: ein großer Buchladen, dessen Schaufenster mich magisch anzog. Andrea zierte sich, doch nach etwas Gequengel gingen wir hinein.

Die Auswahl war der absolute Wahnsinn, es gab Klassiker, Sach- und Fachbücher, Liebesromane, Krimis und Thriller, sogar ein Regal mit Erotik und schwulen Büchern, vor dem ich wahrscheinlich am längsten rumstand. Ehrlich gesagt vergaß ich Andrea für einen Moment, streifte durch die Gänge, zog hier ein Buch raus und blätterte dort hinein. Es fühlte sich toll an, zwischen all den noch unentdeckten Geschichten zu stehen, weit weg vom Mief meiner Heimatstadt und dem blöden Autowerk.

Weil ich bislang kaum etwas ausgegeben hatte, beschloss ich, mir von all der Kohle, die ich in den letzten Monaten gemacht hatte, ein Riesenpaket Bücher zu gönnen. Andrea, der mir die ganze Zeit hinterhergetrottet war, musste als Packesel herhalten und mit mir haufenweise

Taschenbücher und Hardcover zur Kasse schleppen. Die Mitarbeiterin machte große Augen und grinste überdreht. Am Ende half sie uns, alles in Tüten zu verpacken, über deren Gewicht sich Andrea schon beim Rausgehen beschwerte.

Vor dem Laden blieb Andrea stehen. Ich bemerkte es erst, nachdem ich schon ein paar Meter drauflosgetrottet war. Als ich mich umdrehte, guckte er mich ernst an und kam nur langsam näher.

»Was ist los? Tut mir leid, dass wir jetzt so viel schleppen müssen, aber ich hab noch nie so 'ne gigantische Auswahl gesehen, da bin ich wohl etwas freigedreht«, erklärte ich verlegen.

»Es ist doch wohl sonnenklar«, sagte Andrea. Ich wartete darauf, was sonnenklar war, aber er schwieg mich an. »Du bist wirklich schwer von Begriff, oder?«, sagte er nach einer ganzen Weile. »Du solltest Buchhändler werden. Oder vielleicht einen eigenen Laden aufmachen.«

Irritiert zog ich eine Augenbraue hoch. Langsam spürte auch ich das Gewicht der Tüten in den Armen. Oh Mann, wie sollten wir das alles bis ins Hotel, geschweige denn bis ins Internat bringen?

»So glücklich, wie du da drinnen gerade ausgesehen hast, ich glaube, du solltest ernsthaft darüber nachdenken«, sagte Andrea. Und ließ mich einfach stehen. »Kommst du mal?«, rief er, als er schon an der nächsten Kreuzung stand.

Kapitel 9: *Grande finale*

Das war so was von geil, vielleicht, also wenn du magst, aber kann ich nicht die nächsten Tage noch mal vorbeikommen? LG Fridolin ;)))«

Ich grinse, als ich die Nachricht lese. Fridolin heißt das Rothaar also, als hätte ich es geahnt. Mein kleines Pferdchen ist vor fünf Minuten erst zur Tür raus und hat jetzt schon wieder Sehnsucht nach seinem Jockey. Spaß hat es ja schon gemacht mit ihm, also beschließe ich, auch ihn zum großen Finale einzuladen.

»Du weißt schon, dass ab morgen Ferien sind? Ich bin zwar hier, aber fährst du nich heim oder so was?«, antworte ich, um Gleichgültigkeit vorzugaukeln. Die Antwort kommt sofort.

»Kein Problem! Ich komm einfach mit dem Auto, wenn wir das nur wiederholen können!«

Ich grinse fies, was der Bursche zum Glück nicht sehen kann, und schreibe zurück: »Klar, dann nächsten Dienstag, so gegen 20.30 Uhr.«

Er bestätigt mir gefühlte hundert Mal, dass er da sein wird. Was er nicht wissen kann: Er wird nicht der Einzige sein. Nächsten Montag beginnen die Sommerferien, und für Dienstag habe ich das große Finale angesetzt, bevor ich mich aus diesem Bonzenpalast verdrücke. An dem Tag läuft nämlich mein Vertrag aus.

Seit meinem Ostertrip mit Andrea sind die Wochen wie im Flug vergangen. Hier und da habe ich noch ein paar Schüler geknallt, unter anderem den dritten aus der Valentin-Clique – was mich auch auf die Idee für den finalen Akt gebracht hat.

Der letzte aus Valentins Gefolgschaft war Jannis, der immer in Vintage-Anzügen rumläuft und dazu auffällige Fliegen und Schuhe trägt. Tatsächlich war es diesmal nicht Andreas Verdienst, dass zwischen uns was gelaufen ist. Ich hatte einfach Bock, ihn auch noch zu knacken, und bin ihm ein paar Tage nachgeschlichen, um seinen üblichen Tagesablauf zu durchschauen. Irgendwann bot sich dann die Gelegenheit, ihn in einer stillen Ecke abzufangen, wo ich ihm ganz direkt ins Gesicht gesagt habe, dass ich glaube, dass ihm ein deftiger Fick mal ganz guttun würde, und ich würde mich ja anbieten, zu einem entsprechenden Preis, versteht sich. Ich habe hoch gepokert – und ebenso haushoch gewonnen.

Der Bengel grinste mich dreckig an und fragte nur: »Wann, wo, wie viel?«

Damit war das auch abgemacht. Wir trafen uns drei Tage später in seinem Zimmer. Jannis war ein hübscher Kerl, aber ich hatte von Anfang an das Gefühl, dass irgendetwas fehlte. Noch viel mehr ging mir das auf, als er nackt auf dem Bett lag und sich unter meinen Stößen hin und her warf. Ohne seine auffälligen Anzüge wirkte er seltsam farblos. Sein Gesicht war ebenmäßig, der Körper leicht behaart und gut in Form, sein Arsch war eng, und zwischen den Beinen war er auch ganz ansehnlich ausgestattet. Und trotzdem fehlte etwas, um ihm ein echtes Profil zu geben.

Wir trieben es in allen denkbaren Positionen, ich auf ihm, er auf mir, von hinten, im Stehen und noch einiges mehr. Nachdem er dreimal heftig abgespritzt hatte, lagen wir hechelnd nebeneinander. Ich beschloss, meine Glückssträhne weiter auszureizen.

»Sag mal, meinst du, Valentin hat auch mal Bock auf so was?«, fragte ich. Nachdem Hannes mir gesteckt hatte, wie untervögelt der Kerl tatsächlich war, gab es daran eigentlich gar keinen Zweifel, aber um es wie einen beiläufigen Gedanken wirken zu lassen, schob ich noch hinterher: »Wobei, um den reißt sich wahrscheinlich die halbe Welt.«

Jannis stützte sich auf den Ellbogen und lächelte mich schief an.

»Von wegen! Der redet immer von Nutten und allem, macht obszöne Gesten, aber seit ich ihn kenne, hatte der keinen Sex mehr. Gibt er nicht zu, aber einmal hat er es mir gestanden, als wir betrunken waren. Ich hab ja hier und da zumindest mal ein Date im Netz ausgemacht, aber dafür ist sich Valentin zu fein. Oder er traut sich nicht. Klar, hier wird viel geredet, aber irgendwann muss man doch Druck abbauen.«

Genau, was ich hören wollte.

»Gibst du mir seine Nummer? Jemand sollte ihn doch von seinem Leid erlösen, oder?«, fragte ich. Das ganze Unterfangen war gewagt, aber was hatte ich denn zu verlieren?

Jannis war von der Sorte, für die das ganze Leben ein Spiel ist, und ohne weitere Fragen kritzelte er auf einem Zettel herum, den er mir zusteckte. Mit Valentins Nummer in der Tasche zog ich ab.

Die Tage bis zum Ferienanfang verbringe ich ganz züchtig. Na ja, also ohne Sex zumindest. Ich kümmere mich hier und da noch um kleinere Aufgaben, aber wahnsinnig viel habe ich eigentlich nicht mehr zu tun. Die freie Zeit nutze ich, um zu lesen, voller Gier verschlinge ich einen Band nach dem anderen, aber mein Vorrat von Ostern ist noch immer üppig.

Um die Vorbereitung des Finales kümmert sich hauptsächlich Andrea. Nach der Nummer mit Jannis habe ich ihm erzählt, dass ich Valentin knacken will – aber nicht einfach so, sondern vor versammelter Mannschaft. Der Plan ist, einige der Jungs, die ich in den letzten Monaten geknallt habe, für den Abend meines letzten Arbeitstags zum Pool einzuladen, und es Valentin dann vor aller Augen zu geben. Natürlich denkt jeder von ihnen, dass er der Einzige ist und sich auf ein letztes Date mit mir freuen darf. Das wird ein Riesenspektakel für jedermann …

Weil Andrea sich leichter an die Kerle ranmachen kann, überbringt er die Einladungen möglichst unauffällig. Mir fällt allerdings doch noch eine besondere Aufgabe zu:

nämlich Valentin zu einem Sexdate an diesem letzten Tag zu bekommen. Wie ich das am besten anstelle, das ist die große Frage. Das Gute dabei: Wenn ich scheitere, wird es trotzdem ein lustiges Schauspiel, die anderen Kerle aufeinandertreffen zu lassen.

Ich beschließe, alles auf eine Karte zu setzen, und frontal anzugreifen. Valentins Nummer habe ich in meinem Handy gespeichert und schreibe ihm erst mal eine unverfängliche Nachricht – natürlich ohne zu verraten, wer ich bin.

»Hey, wie geht's?«

Nach dem ersten Anlauf vergeht ein halber Tag ohne Reaktion. Während ich abwarte, einen Roman auslese und eine Art erotisch-dystopischen Sci-Fi-Thriller anfange – völlig abgefahren! –, ackert es in meinem Hinterkopf, und mir kommt eine Idee, wie ich dem Ganzen noch ein bisschen mehr Würze verleihen könnte.

Kraft!

Grinsend suche ich mir einen Zettel und schreibe eine kurze, aber eindeutige Nachricht für den Direx auf.

Einladung zum Schülerfest der anderen Art!
Nächsten Dienstag, 21.30 Uhr, am Poolhaus!

gez. Ihr Facility Management

Keine Ahnung, ob er darauf anspringen wird, aber ich fühle eine rauschartige Aufregung in mir, nachdem ich den Zettel am Abend heimlich unter seiner Bürotür durchgeschoben habe. Vielleicht hängt das aber auch damit zusammen, dass Alberts um die Ecke biegt, als ich mich aus dem Sekretariat schleiche, und mich nur durch ein Wunder nicht sieht.

Weil Valentin auf »Hey, wie geht's?« offenbar keine Lust zu antworten hat, starte ich vom Bett aus einen zweiten Versuch.

»Sorry, dass ich schon wieder störe. Hast du meine Nachricht vorhin bekommen? Wahrscheinlich klingt das wahnsinnig seltsam, aber ich stehe schon seit einigen Monaten auf dich und traue mich nicht, dich persönlich anzusprechen. Auch wenn ich da wahrscheinlich nicht der Einzige bin. Immer wenn ich dich sehe, kann ich die Augen kaum von dir lassen und habe sofort einen Harten. Vielleicht hast du das nie bemerkt, ich gebe mir ja Mühe, nicht zu auffällig zu gucken … Jedenfalls habe ich mir deshalb deine Nummer besorgt, von einem deiner Freunde. Er meinte, ich soll es dir einfach sagen. Also: schreiben. Weil du ein ziemlich korrekter, netter Kerl bist. Hoffe, du bist nicht böse?«

Gesendet.

Den Text vor den Augen, beginne ich selbst anzuzweifeln, dass mein Plan funktionieren wird. Wie gruselig ist das denn bitte? Ich bin mir nicht mal sicher, ob ich selbst auf so eine Nachricht antworten würde. Aber in der Not frisst der Teufel Fliegen, und nach allem, was ich gehört habe, ist die Not in Sachen Sex bei Valentin riesengroß.

Am Samstagmorgen meldet Andrea, dass er allen Gästen die Einladung überbracht hat. Er fragt, wie weit ich mit Valentin bin. Seufzend will ich ihm gestehen, dass ich mich wohl völlig verschätzt habe, als eine Nachricht von einer unbekannten Nummer auf meinem Handy aufploppt.

»Das klingt nicht nur wahrscheinlich seltsam, sondern definitiv. Aber dass du dir extra die Mühe machst, meine Nummer zu schnorren, hat meine Neugier geweckt.«

Bämm! Den Stier bei den aufgeblasenen Hörnern gepackt, würde ich mal sagen. Ich habe Valentins Ego also doch nicht zu groß eingeschätzt, er hat den Köder tatsächlich geschluckt.

»Was würdest du denn machen, wenn ich bereit wäre, mich mit dir zu treffen?«

Er will mich also erst mal kommen lassen. Ich grinse und lasse mich auf sein Spiel ein.

»Alles!«, schreibe ich, als käme meine Reaktion völlig spontan und übereilt, weil ich so vom Hocker bin, dass er mir antwortet. »Nein, warte! Also erst mal würde ich dich küssen …« Ein knallrot angelaufenes Emoji hintendran. Perfekt.

»Nur küssen?«, fragt er plump.

»Nicht nur. Aber für den Anfang. Deinen Körper berühren. Und dich beim Küssen ganz langsam ausziehen. Boah, das wäre so geil. Können wir uns nicht vielleicht in den Ferien treffen? Bitte?«

»Ich weiß noch nicht. Vielleicht hätte ich sogar ein bisschen Zeit. Wenn du so sehr auf mich stehst, muss aber noch etwas mehr kommen.« Ich kann den ätzenden Tonfall hören, mit dem er das sagen würde. Ich krieg wieder diesen Cocktail aus Wut und Geilheit im Bauch und greife mir zwischen die Beine, winde mich ein bisschen auf der Matratze, bevor ich antworte.

»Ich würde dir die Eier lecken und dann deinen Schwanz schlucken. Du kannst mein Maul benutzen, wie du willst!«

Das Schlimme ist: Die Vorstellung macht mich irgendwie an. Das Beste ist: Ich bin mir diesmal sicher, dass Valentin noch viel notgeiler ist als ich gerade. Mein Teil wird langsam größer.

»Und was noch?«

Ich gehe in die Vollen: »Ich setze mich auf dein Teil und reite dich. Oder du liegst oben, das wäre auch geil. Wenn dein Schwanz nur halb so geil ist, wie du aussiehst, darfst du auch in mir abspritzen!«

»Ist er, keine Sorge.« Natürlich ist er das.

»Hast du ein Foto? Darf ich mal sehen?«, frage ich. Meine Latte spannt in den Boxershorts.

»Siehst du dann«, wiegelt er mich ab. »Zeig mir lieber, was du zu bieten hast. Ich weiß ja nicht mal, wie du angezogen aussiehst.«

Auch wenn da seine Arroganz aus ihm spricht, hat er in dem Punkt wohl nicht ganz unrecht. Schnell drehe ich mich auf den Bauch, ziehe mir die Unterhose runter und die Arschbacken leicht auseinander und knipse ein mittelmäßiges Foto von meinem Hinterteil. Ein paar Minuten passiert nichts. Ich verkneife mir jede Nachfrage.

Und dann: »Ich meinte eher die andere Seite.«

»Gefällt dir mein Hintern nicht?« Ich habe so eine Ahnung, worauf das gleich hinausläuft, aber ich will es jetzt nicht versauen, indem ich zu schnell vorpresche. Mit einer Hand krame ich meinen Schwanz vor und fange an zu wichsen, während Valentin schreibt. Und schreibt. Und schreibt. Und schreibt. Scheint ja ein längerer Text zu werden.

»Doch, wirklich nicht schlecht. Aber dein Schwanz würde mich gerade mehr interessieren.«

Bingo! Er hängt am Haken. Der Kerl ist scharf drauf, durchgerammelt zu werden. Ich könnte sofort abspritzen, so sehr bringt es mich in Wallung, dass sich nach Monaten rausstellt: Valentin, der Checker vom Dienst, will auch nur mal seinen Arsch hinhalten.

Ich knie mich auf die Matratze und spreize möglichst weit die Schenkel, drücke meinen Schwanz ein kleines bisschen mit dem Daumen nach unten, damit er von oben fotografiert besonders groß aussieht. Sobald ich ein gutes Bild aufgenommen habe, schicke ich es ab und schreibe dazu: »Er gehört ganz dir. ;)«

Der Rest sind Komplimente für meinen »Prachtschwanz«, ein wenig Hin und Her, wann wir uns wo treffen können, und dann sagt er mir endlich zu, dass er am Dienstag um zwanzig Uhr am Pool hinter dem Schulgebäude sein wird. Ich bekomme kein Schwanz- oder Arschbild von ihm zurück, aber das ist mir jetzt auch egal.

Am Ende war es doch einfacher als befürchtet. Zufrieden sinke ich in mein Kissen und schreibe Andrea, dass ich den Sack im Sack habe.

»Meinst du nicht eher: an den Eiern?«, fragt er zurück.

»Ist doch egal, er kommt jedenfalls. Und dann kommt er so richtig, dafür sorg ich schon.«

Lächelnd lege ich das Handy beiseite. Kurz überlege ich, noch fertig zu wichsen, aber das Kribbeln, das sich gerade in meinem ganzen Körper ausbreitet, ist so angenehm, dass ich das Gefühl noch ein bisschen genießen will und einfach still liegen bleibe.

Das verfluchte Pferd ist viel schwerer, als ich gedacht hatte, aber ich hänge mit dem Ding schon auf halber Höhe auf der Dachbodenleiter, also gibt es kein Zurück. Fast fliege ich von der vorletzten Stufe, kann mich zum Glück fangen und schaffe es, das Pferd sicher abzusetzen. Ein, zwei Minuten hänge ich atemlos auf dem alten Sportgerät.

Ein Blick auf die Uhr. Schon sieben durch. Langsam muss ich mich ranhalten. Valentin müsste um acht rum ankommen, und ich muss vorher noch mal duschen, so verschwitzt, wie ich bin. Ich wuchte das Pferd mühsam hinter mir her, trage es Treppe um Treppe nach unten. Auf dem Rasen hinter dem Schulgebäude hinterlasse ich zwei parallele Streifen, weil ich das Gerät nur noch an zwei Beinen halte und hinter mir herschleife. Soll sich doch der neue alte Hausmeister darum kümmern, wenn er wieder da ist. Oder Alberts.

Vorm Poolhaus bringe ich das Pferd in Position. Es ist zu hoch, wenn man jemanden rücklings drauflegt, um ihn zu ficken. Nach ein bisschen Gefriemel stelle ich erfreut fest, dass sich die Beine verstellen lassen. So bringe ich es auf die richtige Höhe, stelle mich davor, justiere ein paarmal nach, bis es ungefähr hinkommt. Die restlichen Hilfsmittel lege ich unter das Pferd.

Mein kleines Zimmer ist leer und sieht wieder genauso aus wie am Tag, an dem ich angekommen bin. All meine Sachen habe ich schon heute Mittag gepackt und am Parkplatz hinter einem Baum abgestellt, wo man das Zeug nicht sofort sehen kann. Nur mein Fahrrad steht noch im Gebüsch neben dem Pool, das nehme ich später zum Parkplatz mit. Wobei, eine Sache habe ich vergessen. Zwischen Matratze und Bettgestell ziehe ich mein Fleshlight vor, das ich in den ersten Wochen hier gerne benutzt habe. Krachend donnere ich das Ding in den Mülleimer.

»Hat Spaß gemacht, aber das brauch ich erst mal nicht mehr«, sage ich halblaut.

Ich halte kurz inne, betrachte den zerschlissenen Sessel und die Kaserneneinrichtung und werde fast ein bisschen melancholisch. Die Zeit hier ist wirklich schnell vergangen. Und war viel aufregender und so ganz anders, als ich erwartet hatte. Und in wenigen Stunden soll mein neues Leben anfangen. Vorher kommt aber endlich noch das *grande finale*, um es mit Andrea zu sagen.

Nach einer Dusche steige ich wieder in meinen Blaumann. Ich will Valentin ja standesgemäß begrüßen. Die letzte große Frage: Wird er schreiend davonlaufen, wenn er schnallt, dass ich sein »heimlicher Verehrer« bin?

Auf dem Pferd sitzend warte ich auf das, was jetzt kommt. Es ist zehn vor acht. Ich zünde mir eine der paar

Kippen an, die noch in der zerknautschten Schachtel stecken. Ich warte.

Ab acht Uhr werde ich unruhiger, als es mir selber lieb ist. Jede Minute sehe ich auf die Uhr, bis es schon Viertel nach acht ist. Ich zünde mir zur Beruhigung noch eine an, atme den ersten Zug ein – und dann höre ich Schritte. Schnell bringe ich mich in Position, möglichst breitbeinig, ein Bein hoch aufs Pferd gezogen, das andere hängt runter. Einen Arm, lege ich auf meinem Knie ab, die Hand mit der Kippe hängt locker herunter. Hoffentlich sehe ich zumindest halb so filmreif aus, wie ich mich fühle – in meinem Blaumann.

Aus der Entfernung ist es schwer, Valentins Gesicht zu deuten, aber so ganz hat er noch nicht geschnallt, dass ich es bin, der auf ihn wartet. Drei Meter vor mir bleibt er endlich stehen. Seine Augenbrauen ziehen sich zusammen, wandern nach oben und können sich nicht entscheiden, welchen Ausdruck sie ihm ins Gesicht zeichnen wollen.

»Prollbohne«, sagt er.

Ich ziehe an meiner Zigarette, um cool zu wirken, obwohl sich mein Magen etwas zusammenzieht, ich ein bisschen Bammel habe, dass er sich gleich mit mir prügeln will, weil ich ihn reingelegt habe, und mein Schwanz trotz allem wächst und Aufmerksamkeit fordert.

»Hast du es echt so nötig, mir eins auszuwischen, dass du so eine Aktion startest?«, fragt Valentin. »Wegen der paar Sprüche? Weit her ist es ja nicht mit deinem Selbstbewusstsein.«

Die übliche Schärfe fehlt. Eine Sache ist mir also bereits geglückt: Valentin von Bergerow, Geldsack und Egomonster von und zu Gottes Gnaden, ist tatsächlich verunsichert, weil er nicht hat kommen sehen, dass ich ihn zu diesem Mystery-Date gelockt habe.

»Nö, eigentlich nicht«, antworte ich nach einem weiteren Zug an der Kippe, die ich dann wegschnipse. »Also verdient hättest du's schon, aber davon abgesehen würde ich dich tatsächlich ficken.«

Und endlich fällt die Maske. Valentin grinst, zwar irgendwie arrogant, aber auf eine andere Art als bisher. Fast wirkt es, als hätte sich gerade etwas in ihm gelöst, er zieht beiläufig das Jackett aus und wirft es zur Seite. Knöpft sich das Hemd auf. Und kommt näher. Wenige Zentimeter vor mir bleibt er stehen und sieht mir tief in die Augen.

»Okay, weißt du was, scheiß drauf. Jetzt ist die Katze so oder so aus dem Sack.«

Lippen pressen sich auf meine, eine Zunge dringt in meinen Mund und umspielt meine, kräftige Hände greifen an meine Schultern, meinen Nacken, meine Brust. Plötzlich bin ich mitten in einer wilden Knutscherei mit Valentin. Es fühlt sich gut an, der Kerl weiß instinktiv, was er tun muss, aber mich nervt auch jetzt seine selbstverständliche Art, als würde ihm das hier zustehen.

Ratschend öffnet sich der Reißverschluss meines Blaumanns. Valentins Hände wandern hinein und betasten meine Nippel, meinen Rücken. Mein Schwanz bohrt sich beinhart in den Stoff der Arbeitskluft, und mit einem schnellen Griff zwischen Valentins Beine weiß ich, dass auch er eine ordentliche Latte hat.

›Die andern sind gleich da‹, schießt es mir durch den Kopf. ›Denk an den Plan, verdammt.‹

Um nicht noch mehr Zeit zu verlieren, packe ich den Kerl und drehe uns um hundertachtzig Grad, während jetzt meine Zunge heftig in ihn drängt. Ich streife ihm das Hemd ab, öffne seine Hose. Dabei fängt er ganz leise und in überraschend hoher Tonlage zu stöhnen an. Offensichtlich hat der Bursche es wirklich so was von nötig. In Windeseile habe ich ihn komplett ausgezogen und erlaube mir, einen Blick auf seinen Schwanz zu werfen.

»Hast ja nich gelogen«, sage ich, »der is wirklich geil.«

Valentins Haare sind durcheinander, und ich stelle fest, dass ich ihn so wesentlich attraktiver finde als perfekt gestriegelt. Die Selbstsicherheit kehrt in seine Augen zurück, und da ist schon wieder dieses ätzende Grinsen.

»Aber ich gewinne trotzdem«, schiebe ich hinterher, ziehe den Reißverschluss am Blaumann ganz runter und lasse meine Latte rauswippen. Ich halte sie neben seine, und siehe da: Meiner ist größer. Nicht dass das irgendeine Rolle spielen würde, aber das hat er sich jetzt wirklich verdient. Auf einmal wirkt er fast beschämt. »Jetzt komm schon, so weit her kann's ja mit dem Ego nicht sein, was?«, stichle ich. »Ist doch ein Superschwanz.«

Ich packe seinen Harten und wichse ihn ein bisschen, dabei dränge ich Valentin mit meinem Oberkörper nach hinten und küsse ihn erneut. Kurz darauf liegt er rücklings auf dem Pferd, genau wie ich geplant hatte.

»Warte mal, ich hab was Besonderes vorbereitet«, erkläre ich, mache ihm ein Zeichen, nicht weiter nachzufragen, und hole eilig die Seile unter dem Pferd vor, die ich aus dem Sportraum gemopst habe. »Was hältst du von Fesselspielchen?«, sage ich grinsend. »Wir wollen ja nicht, dass du vom Gaul fällst, wenn ich dich gleich durchpflüge, oder?«

»Du bist echt eine Drecksau«, sagt Valentin. Dann sieht er mich verschwörerisch an und lässt die Arme sinken. Vorhin habe ich noch ein paar Bondage-Tutorials auf dem Handy angeschaut. Einen kurzen Augenblick brauche ich, bis ich drin bin, aber dann habe ich Valentin in Windeseile mit ein paar einfachen, aber verlässlichen Knoten fixiert. Bombenfest, der kommt nicht mehr vor oder zurück.

Seine Beine habe ich angewinkelt und ebenfalls mit Seilen befestigt, sodass sein strammer Arsch in perfektem Einstichwinkel vor mir liegt. Ich klopfe ein paarmal mit meinem Ständer dagegen, bevor ich ans Kopfende trete und dem Kerl meinen Schwanz spielerisch ins Gesicht schlage. Er schnappt danach, aber ich ziehe ihn weg.

»Ich glaub, du bist gar nich so 'n Arschloch, wie du immer tust«, sage ich, wie ich ihn so von oben anschaue.

»Was weißt du denn schon?«, gibt er zurück.

»Wahrscheinlich genauso wenig von dir wie du von mir«, sage ich. Und damit ist das Kriegsbeil plötzlich begraben, und die seltsame Wut und alle anderen Gefühle, die ich für den Kerl empfunden habe, verpuffen einfach ins Nichts.

»Jetzt macht schon, ich brauch's jetzt«, fordert Valentin unter mir.

Ich überlege kurz, bevor ich sage: »Wart mal, bin gleich zurück. Wird sich lohnen, versprochen.«

Eilig flitze ich in das Gebüsch, in dem mein Fahrrad steht. Zum Glück kann Valentin kopfüber nicht genau sehen, wo ich hingehe. Mit wild pochendem Herzen hocke ich neben meinem Drahtesel und stelle fest: keine Minute zu früh. Gerade biegt mein erster Gast um die Ecke, staunt nicht schlecht und kommt langsam auf Valentin zu. Es ist Jannis. Er lacht lauthals los, als er vor Valentin steht, und scheint sich gar nicht so sehr über die Situation zu wundern.

»Der Kerl hat scheinbar durchschaut, was hier läuft«, brabble ich in mich rein.

»Natürlich«, höre ich eine Stimme neben mir und schrecke zusammen. »Jannis wirkt zwar wie ein Clown, für den alles Spielerei ist, aber das ist einer der klügsten Jungs, die ich kenne. Dem macht man nichts vor.«

Ich gebe Andrea einen Kuss und fange instinktiv an, ihn zu befummeln. Er schiebt mich zurück mit den Worten: »Ja, ich will auch, aber später. Jetzt müssen wir zugucken, so etwas kriegen wir so bald nicht wieder zu sehen.«

Wir starren durch die Blätter auf die beiden Jungs. Jannis gestikuliert wild und wirkt fröhlich, Valentin – na ja, Valentin kann gerade nicht gestikulieren. Sein Kopf bewegt sich, und ich höre seine Stimme, verstehe aber kaum was. So ganz einig scheinen sie sich nicht zu werden, doch Jannis fängt nach ein paar Minuten an sich auszuziehen und schleicht dann nackt um Valentin herum.

»Was wird das?!«, schreit Valentin irgendwann so laut, dass wir es auch auf die Entfernung gut hören können. Jannis präsentiert zur Antwort seinen beachtlichen Ständer und stupst damit gegen Valentins Kopf. Der Kerl sperrt sich erst und schaut auf die andere Seite, was Jannis als Aufforderung nimmt, sich eben auch auf die andere Seite zu stellen. Dann sehen wir nur noch Jannis von hinten. Und wie er rhythmisch den Arsch anspannt.

»Der fickt Valentins Maul«, kichert Andrea neben mir und wird ganz hibbelig.

»Ich seh's«, sage ich, ohne den Blick von dem Schauspiel abzuwenden. Wenn ich ganz genau hinhöre, kann ich ein leises Stöhnen hören. Mir steht immer noch der Schwanz aus dem Blaumann, also greife ich danach und wichse beiläufig.

Während die beiden schon voll dabei sind, betritt der zweite Gast die Bühne. Ich stoße reflexartig ein »Grrr!« aus. Andrea guckt mich von der Seite fragend an.

»Jetzt sag nich, du würdest Hoshi nich ficken! Der is ja wohl der absolute Hammer.«

Der schöne Karpfenmann will im ersten Moment auf der Stelle umdrehen, entscheidet sich jedoch um und tritt zögerlich näher an das Pferd ran. Jannis springt auf ihn zu und erzählt ihm irgendwas, dabei wippt seine Latte auf und ab, was Hoshi natürlich nicht entgeht.

»Ich hatte ja gedacht, dass die alle gleich wieder abhauen, wenn sie den Braten riechen, aber Jannis is offensichtlich überzeugend«, kommentiere ich, dass Hoshi sich jetzt ebenfalls entblättert. Beim Anblick seiner Muskeln, seines breiten Schwimmerkreuzes werde ich ganz wuschig und wichse schneller. Andrea greift mir plötzlich zwischen die Beine und schiebt meine Hand weg.

»Wenn du schon nicht warten kannst, will ich auch etwas davon haben«, sagt er und bearbeitet mein Teil, die Augen nach vorn gerichtet.

Jannis macht sich mittlerweile an Valentins Arsch zu schaffen und vergräbt das Gesicht zwischen den prallen Backen. Noch immer zögerlich sieht Hoshi erst mal zu und befummelt sich dabei ein bisschen selbst. Seinen Schwanz hätte ich ja schon gerne noch mal hinten drin, aber ich widerstehe dem Drang und bleibe, wo ich bin. Unter Andreas entschlossenem Griff kocht mir der Saft in den Eiern, und ich greife nach seinem Teil, das ich halb steif unter seiner Hose erfühlen kann.

»Wehe, du fickst scheiße!«, ruft Valentin Jannis zu, der dabei ist, ihn mit den Fingern zu bearbeiten. »Gib dir gefälligst Mühe!«

Darauf japst Jannis fröhlich, schnellt nach oben und bohrt Valentin mir nichts, dir nichts seinen Harten bis auf Anschlag rein. Der arrogante Schnösel stöhnt so laut auf, dass wir beide zusammenzucken, bevor wir zu kichern anfangen. Im nächsten Moment ist Jannis schon voll im Tunnel und tobt sich ohne Rücksicht auf Verluste in der prallen Kiste aus.

»Warum haben wir das eigentlich nicht früher gemacht?«, ruft er vergnügt und steigert sein Tempo weiter.

Andrea tippt mir auf die Schulter und deutet auf das Hauptgebäude. Endlich, der dritte Gast. Hannes biegt gerade um die Ecke und bleibt stehen wie zu Stein erstarrt. Hoshi sagt was Unverständliches, worauf Jannis nach hinten schaut, den Arm hebt und winkt.

»Jau, Hannes! Du auch?« Der Bengel wirkt richtig euphorisch. »Komm her, wir ficken Valentin!«

Ich vermute, Hannes kann das noch nicht wirklich glauben, aber als er ein paar Schritte auf das Spektakel zugegangen ist, fällt ihm die Kinnlade runter. Wie von der Tarantel gestochen reißt er sich sein Top und die Shorts vom Leib, schleudert seine Sneaker sonst wohin und redet dann auf Valentin ein, während er seinen Körper abtastet.

Während Jannis fröhlich weiterrammelt, lässt sich Hannes den Schwanz hartlutschen. Und endlich kommt auch Hoshi näher, stellt sich auf die andere Seite und bietet seine Latte ebenfalls dem gefesselten Valentin an. Der stöhnt, hechelt und brüllt zwischendurch wie ein Tier.

»Ich glaub, ihm gefällt das«, stelle ich fest. »Notgeiler Sack.« Meine Eier ziehen sich blitzschnell an meinen Körper, mein ganzer Schritt kribbelt, dann schießt meine Ladung unvorbereitet in das dichte Buschwerk hinein.

»Warn mich doch vor!«, motzt Andrea, leckt sich dann aber genüsslich die Hand ab.

»Sorry, hab's nicht kommen sehen«, entschuldige ich mich, »aber keine Sorge, ich kann gleich noch mal.« Ich küsse Andrea stürmisch und schmecke mein Sperma, das er noch auf der Zunge hat.

Gebannt schaue ich wieder, was am Pool vor sich geht. In der Zwischenzeit ist der Wrestling-Typ aufgetaucht.

»Was zur …?«, sagt Andrea neben mir.

Er hat es sich nicht nehmen lassen, in einem besonderen neuen Kostüm zu kommen: Er sieht aus wie eine hypermännliche Hühnerkrankenschwester. Offensichtlich hat er die beiden Outfits, die ich schon kannte, zu einem kombiniert. Ohne lange zu fackeln, öffnet er den Stofffetzen, der seinen Schritt bedeckt, und lässt seinen fetten beschnittenen Prügel raushängen. Und schon ist er mittendrin, fummelt ein bisschen an Valentin rum und macht sich an Hoshi ran, während Jannis mit Hannes tauscht, der in seiner neuen Stecherrolle abgeht wie eine Rakete.

Als Nächstes kommen zwei Jungs an, deren Namen ich vergessen habe, die ich aber irgendwie so süß fand, dass ich dachte, sie wären eine nette Ergänzung für die heutige Besetzung. Jannis läuft zu ihnen und zerrt sie energisch in Richtung des Pferds. Keine Widerrede erlaubt.

Zuletzt kommt Fridolin, der geile Luxusgaul mit der roten Mähne. Ich bekomme nicht mit, wie er ins Geschehen reingezogen wird, denn Valentin brüllt auf einmal los: »Wo ist eigentlich der verdammte Hausmeister?!« Dann keucht er atemlos vor sich hin.

»Ist doch egal, reichen wir dir nicht?«, fragt irgendjemand. Es ist ein einziges Gewusel um das alte Pferd, jetzt steckt Hoshi in Valentin, dann tobt sich kurz darauf Fridolin aus. Der Wrestler macht mit den beiden Namenlosen rum, die wohl mehr Gefallen an seinem durchgeknallten Auftritt finden als Hoshi. Ich ziehe Andreas Hand zurück zwischen meine Beine.

»Ernsthaft?«, fragt er, als er merkt, dass ich schon wieder einen Mordsständer habe, dann grinst er und legt wieder los. Ich wichse seinen dicken Schwanz fester, während die Stimmung am Pool zu kochen anfängt.

»Zeit zum Spritzen! Los, alle herkommen!«, fordert Jannis, der jetzt wieder in Valentins Arsch stößt. Valentin macht nur noch mit undefinierbaren Geräuschen deutlich, dass er mehr will. Schnell versammelt sich die ganze Gruppe um das Pferd. Stöhnen und Japsen und »Fuck!«-Rufe hallen zu uns rüber. Und einer nach dem anderen schreit auf, dass er jetzt kommt, bevor er seinen Saft auf Valentins Körper verteilt. In meiner Hand zuckt es mächtig, und auch Andrea spritzt plötzlich heftig los. Diesmal lecke ich mir die Hand sauber und kann gar nicht anders, als zufrieden zu grinsen und Andrea anzusehen. Oder das, was ich in der Dämmerung noch von ihm erkennen kann.

»Sag mal«, setzt er an, atmet dann noch ein paarmal ein und aus, bis er wieder bei sich ist. »Sag mal, wolltest du nicht Valentin durchnehmen. Warum hockst du eigentlich die ganze Zeit bei mir hier im Busch?«

»Und was ist mit dir?«

»Mit mir?« Andrea überlegt einen Moment, dann stellt er entschlossen fest: »Ich dachte, dass ich wollte, aber eigentlich reicht es mir, ihnen zuzusehen. Und es später mit dir zu treiben.«

In meinem Bauch krabbeln tausend Käfer wild durcheinander, und mein Magen zieht sich zusammen.

»Da hast du deine Antwort. Geht mir doch genauso.«

Wir küssen uns lange, um uns rascheln die Blätter, wie von weit weg dringt schweres Atmen und Stöhnen an mein Ohr. Schön, dass die gestriegelten Bengel so viel Spaß miteinander haben.

Nachdem wir uns endlich voneinander gelöst haben, schaue ich nach, ob sich die kleine Orgie schon aufgelöst hat.

Weit gefehlt.

Valentin ist mittlerweile befreit und damit beschäftigt, gemeinsam mit Hoshi das Rothaar auf dem Pferd zu fesseln. Der Wrestler hat sich neben den namenlosen Kerlen auch die Aufmerksamkeit von Jannis gesichert, der wie wild geworden im Wechsel mit den beiden anderen seinen Schwanz verschlingt. Hannes hat sich verabschiedet und schwimmt eine halbe Bahn, bevor er umkehrt, tropfnass aus dem Becken kraxelt und sich zielsicher auf Hoshi stürzt.

Fasziniert verfolge ich das *grande finale*, und es dauert eine Weile, bis Andrea meine Aufmerksamkeit hat. Er zieht kräftig an meinem Arm, sodass ich nach hinten umkippe und auf dem Arsch sitzen bleibe.

»Ja«, sage ich, als ich verstanden habe.

Und dann machen wir los.

Um uns weht abendliche Sommerluft, als wir auf meinem Fahrrad die Prachtalle runterbrettern, ich auf dem Sattel, Andrea auf dem Gepäckträger, seine Arme sind fest um mich geschlungen. Ich könnte ewig so weiterfahren.

»Freust du dich schon auf Frankfurt? Und die Bücher?«, ruft Andrea von hinten. Ein breites Lächeln zieht über mein Gesicht. Und wie ich mich freue. Aber wahrscheinlich kann ich erst glauben, dass wir das wirklich durchziehen, wenn wir angekommen sind und ich es selbst sehe.

»Und freust du dich auf das Kunstgeschichtsstudium?«, rufe ich nach hinten. Zur Antwort drückt er sich noch fester an mich.

In der Ferne öffnet sich das riesige Tor zum Campus. Andrea hat es wohl von hinten auch erspäht, denn er reckt den Kopf seitlich an mir vorbei. Eine monströse silberne Luxuskarre kommt uns entgegen.

»Das ist der Wagen vom Direktor!«, ruft Andrea. »Was macht der hier?«

Im nächsten Moment fährt das Auto an uns vorbei, Kraft wirft mir einen Blick zu und macht mit zwei Fingern an der Schläfe so was wie einen Army-Gruß. Ich lache so spontan auf, dass wir kurz ins Schlittern kommen und uns nur um ein Haar nicht auf den Asphalt packen.

»Erzähl ich dir später«, rufe ich Andrea zu, als wir wieder sicher weiterfahren.

Auf dem Parkplatz hole ich meine Sachen hinter dem Baum vor, schiebe mein Fahrrad über die zurückgeklappten Sitze und werfe meinen Kram hinterher. Mit einem Krachen schlägt die Haube des Kofferraums zu. Beim Einsteigen schweigen wir. Eine seltsame Stille ist jetzt um uns, die keiner von uns zu brechen wagt.

Wir fahren zum Tor hinaus. Ein paar Kilometer über die Landstraße, ohne ein Wort zu sagen.

Pling.

Mein Telefon zeigt eine neue Nachricht an. Sie ist von Nico.

»Hey, tut mir leid, dass ich erst jetzt antworte. Es war so viel zu tun, Mann, erst die Schule, dann die ganze Planung, wie es jetzt weitergeht. Aber das erzähl ich dir, wenn wir uns endlich mal wieder sehen! Ach ja, eine Sache muss ich dir ja noch erzählen, und ich hoffe, das ist okay für dich. Ich hab jetzt einen Freund. Also einen festen.«

Ich sehe zu Andrea, der am Steuer sitzt, ganz auf die Straße konzentriert, und dabei wahnsinnig zufrieden wirkt. Mittlerweile ist es fast völlig dunkel um uns rum. Die Wolken hängen wie graue Schleier am Himmel, die Bäume in der Ferne sind nur noch Scherenschnitte. Und mittendrin wir, in einem schwarzen SUV, der in die Nacht braust.

»Macht nix!«, antworte ich Nico. »Wir müssen uns bald treffen, und dann will ich jedes Detail wissen. Aber weißt du was? Es is nich okay für mich, dass du jetzt 'nen Freund hast. Was is das denn für 'n Wort? Das is nämlich richtig super, und ich freu mich für dich.«

Ich schaue auf die Felder, die schwarz an mir vorbeiziehen. Eilig ziehe ich noch mal mein Handy vor und schicke noch eine Nachricht hinterher.

»Und weißt du was? Ich bin mir noch nich ganz sicher, aber ich glaub … Ja, ich glaube, ich hab jetzt auch einen.«